미추홀구 교육혁신지구
성과분석 연구 보고서

이 저서는 인천광역시남부교육지원청의 지원을 받아 수행된 연구임.

김주용 | 김용광 | 박지영 | 송은주
심은영 | 양지혜 | 이윤숙 | 탁효진
지음

미추홀구 교육혁신지구
성과분석 연구 보고서

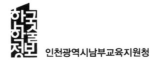
인천광역시남부교육지원청

•• 목 차 ••

Ⅰ 서론

1. 연구의 필요성

교육혁신지구는 학교와 지역사회가 적극적으로 소통하고 협력하는 지역교육공동체 구축을 위하여 교육청과 지자체가 협약으로 지정한 지역을 의미한다(경기도교육청, 2018). 인천 교육혁신지구 사업은 2015년 미추홀구를 시작으로 하여 2017년 중구, 계양구, 부평구가 지정되었고 2018년에는 연수구, 서구, 2019년에는 남동구에 이르기까지 확대 운영되고 있다. 인천광역시교육청은 2019년 3월 인천광역시교육청 마을교육지원단을 신설하여 마을교육공동체, 교육혁신지구 및 학부모 학교 참여 업무를 통합 지원하고 있다. 이러한 교육혁신지구 사업의 확대 발전 과정은 일반자치와 교육자치의 협력이 지속적으로 강화되고 있음을 보여주며 이는 학교와 마을을 넘나들며 삶의 역량을 키울 수 있는 교육생태계 조성과 이를 통해 학생의 행복한 삶을 지원하고자 하는 인천교육의 비전, '삶의 힘이 자라는 우리인천교육'과 일맥상통(一脈相通) 한다.

　2015년 1월, 인천광역시교육청, 남부교육지원청과 미추홀구청의 업무협약(MOU) 체결로 미추홀구 교육혁신지구사업(당시 남구 교육혁신지구사업)이 시작되었다. 이것은 민·관·학이 소통과 협력을 통해 교육주민자치를 시작하는 인천 교육혁신지구사업의 출발점이 되었다. 그 후 2019년에 이르기까지 '지역주민에게 신뢰받는 공교육 혁신'이라는 목표와 '가고 싶은 학교, 살고 싶은 마을 만들기'라는 비전 아래 5년간의 다양한 미추홀구 교육혁신지구 사업이 전개되었다. 특히 인적, 물적 인프라를 발굴·개발하여 지역사회 교육여건이 개선되었고 마을 주민의 교육역량 강화를 위한 기회가 확산되는 지역 교육의 장(場)이 마련되었다. 또한 지역 교육을 위한 민·관·학의 공동노력으로 교육혁신지구 사업 운영을 위한 조례 제정, 각종 규제 완화, 우수 교원 확보 등 제도적 기반을 마련하였고 교육기본시설 및 지역 인프라 지원, 지역교육혁신협의회 운영 등 교육협력 지원을 강화하는 노력을 이어왔다. 나아가 「공교육 혁신모델」, 「미래역량 인재육성」, 「교육협력 선진모델」, 「지역 특색사업 운영」의 4개 정책 지표를 설정하여 연차별 성과를 분석하고 단위학교 학생, 학부모, 교사 만족도 조사 및 민·관·학 네트워크 협의회 결과를 바탕으로 세부사업과 과제를 수정·보완하며 성장해왔다. 그 결과, 교육과정 지역화와 배움 중심 학교 문화를 통한 교육혁신, 교육혁신지구 사업의 질 제고 및 평가 환류, 교육협력네트워크 활성화를 통한 민관 교육협력 모델을 구축하게 되었으며 미추홀구 온마을교육공동체 연대, 미추홀구 교육지원센터 운영 등 마을교육공동체로 인천 교육자치의 토양을 다지는 성과를 이루었다.

이제 미추홀구 교육혁신지구 사업 시즌 I 을 마무리하면서 보다 체계적이고 다각적인 성과분석을 통해 5년간의 사업을 검증하고 앞으로 미추홀구 교육혁신지구 사업의 나아갈 방향에 대한 검토가 필요한 시점이다. 그러나 교육정책의 성과평가에 대해서는 신중하게 접근해야 한다. 교육정책은 투입(input)의 효과(outcome)가 나타나기까지 장기간의 시간이 소요될 뿐만 아니라, 대부분 무형의 산출물로 나타나기 때문에 측정의 어려움이 커 체계적인 성과관리가 어렵기 때문이다(하봉운, 2017). 이러한 이유로 선행연구에서는 '계획대로 예산을 확보하고 지출하였는가?', '어떤 내용의 사업을 진행하였는가?'등 투입과 과정의 단편적인 측면에 초점을 둔 성과관리가 이루어질 수밖에 없었다(하봉운, 2017). 그러나 교육정책은 정책의 기본취지를 실현했는지 확인할 수 있어야 한다(김영준, 라은종, 2006). 따라서 미추홀구 교육혁신지구 사업의 성과 검증은 기술적 통계에 따른 양적 성과분석에만 그치지 않도록 교육정책으로서, 미추홀구 교육혁신지구 사업이 교육 비전과 목표에 부합되도록 실현되었는지 총체적인 성과분석이 요구되며 이를 위해 적합한 성과관리기법과 성과지표 개발이 필요하다.

이러한 필요성을 기반으로 본 연구 보고서는 미추홀구 교육혁신지구 사업의 효과를 제고하고 미추홀구 교육혁신지구 사업 시즌 II 의 미래 방향성을 제시할 수 있는 질적 연구를 진행하고자 FGI(Focus Group Interview) 인식 분석을 바탕으로 신뢰성과 타당성을 갖춘 평가 지표를 개발·적용한 설문 조사를 실시하였다. 이 설문 조사는 김종민(2018)의 인천광역시 교육혁신지구 성과평가 지표를 개선한 문항과 FGI 분석을 바탕으로 새로 개발한 문항을 포함한 것이다. 특히 설문 조사 결과 분석을 통해 미추홀구 교육혁신지구 사업과 각 변인 간의 관계를 밝히고자 하였다. 이는 미추홀구 교육혁신지구 사업을 통한 학생 역량 변화, 학부모 학교 만족도 변화, 교사 직무 만족도 변화에 대한 성과를 분석하고 궁극적으로는 '교육공동체의 행복감 증진'이라는 교육 비전 실현에 대한 성과를 검증하기 위한 것이다. 이러한 성과 관리 시스템으로 5년간의 교육혁신지구 사업을 객관적 성과 지표로 검증하고 변인 간 관계를 밝히는 질적 성과 관리를 위한 총체적인 평가 환류 체계를 구축할 것이다. 이는 미추홀구 교육혁신지구 사업에 대한 교육공동체의 이해 증진 및 참여 유도와 교육혁신지구사업 운영의 필요성을 뒷받침하는 중요한 근거가 될 것이다.

2. 연구의 문제

미추홀구 교육혁신지구 성과분석 연구를 위해 설정한 연구문제는 다음과 같다.

> **가. 미추홀구 교육혁신지구 사업의 성과는 무엇인가?**
> **나. 교육혁신지구 사업 척도의 구인타당도와 신뢰도는 어떠한가?**
> **다. 교육혁신지구 사업이 학생의 행복, 학생의 역량, 학부모의 학교 만족도, 교사의 직무 만족도를 예언하는 선행 변인이라 가정했을 때 마을 호감도와 학교 호감도 간의 관계는 어떠한가?**
> **라. 미추홀구 교육혁신지구 시즌Ⅱ에 요구되는 것은 무엇인가?**

II
이론적 배경

1. 마을교육공동체

가. 지역교육공동체

지식기반 정보화 사회로 진입하면서 모든 개인은 평생 동안 학습을 계속해야하는 사회가 되었다. 이러한 사회변화로 그동안 학교가 누렸던 교육 기관으로서의 독점적인 위상이 흔들리게 되었다(이혜영 외, 2006). 학교는 이와 같은 변화에 대처하기 위해 '학교와 지역사회가 연계·협력 관계를 맺어 학교가 또는 지역사회가 직면한 문제를 함께 고민하고 도움을 주고받는 지역교육공동체를 구축하게 된 것'이다(조윤정 외, 2016).

이러한 변화에 발 빠르게 대처한 시도교육청의 교육혁신은 지역과의 연계를 통한 지역교육공동체 운동으로 전개되고 있다. '학교교육공동체가 지역사회의 일원이 되기 위한 노력과 학교와 지역이 함께 만들어가는 교육공동체로서의 지향이 지역교육공동체의 형태로 탄생하게 되었으며, 이러한 지역교육공동체는 지역을 통한 교육(learning through country), 지역에 관한 교육((learning about country), 지역을 위한 교육(learning for country)'을 의미한다(김종민 외, 2018).

지역교육공동체는 학교와 지역사회의 연계수준과 협력의 형태에 따라 학교중심 협력모형, 지역중심 협력모형, 관중심 협력모형, 상호 융합 모형으로 나누기도 한다(김영철, 임진철, 장슬기, 2017). 인천의 지역교육공동체는 시민단체, 학부모 모임, 지역아동센터와 작은 도서관, 마을학교와 교육협동조합 등이 있다(양준호 외, 2016). 여기서 김종민에 따르면 '시민단체들은 지역의 교육관련 사안들을 해결하는 데 노력하고 있으며, 학부모 모임 결성하여 지역의 교육활동에 동참하고 있는 등 지역교육공동체의 구성원으로 역할을 하고 있다'고 하였다. 또한 '강화 진강산마을교육공동체, 계산동 마을학교와 나눔이 있는 교육협동조합, 선학중 마을 방과후학교 등은 지역을 중심으로 한 지역교육공동체이다'라고 하였다(김종민 외, 2018).

나. 마을교육공동체

마을교육공동체의 개념은 지역마다 처한 상황에 따라 조금씩 다르고, 아직은 추상적인 차원에서 정리되어 있는 수준에 머물고 있다. 마을교육공동체는 현재 이론적 기틀을 마련해가는 시기로서 아직까지 마을교육공동체와 관련한 연구가 활발히 진행되지 않고 있다. 또한 기존 연구들은 마을교육공동체의 개념과 정책방향에 대한 가이드라인, 일부 성공사례들에 관한 연구들이 대부분이다(손문숙, 2019). 몇 가지 관점에서 마을교육공동체의 개념을 정리해보면 아래와 같다.

철학적이고 이론적인 관점에서는 마을교육공동체를 시간·공간·현상의 복합체로 본다. 마을과 학교의 긴밀하고 지속가능한 관계를 위해 요구되는 시간 속에서, 학생들의 삶과 배움이 연결되는 공간을 오가며, 다양하고 역동적인 현상을 나타내는 교육공동체라 정의한다(정윤아, 2019). 기대와 역할의 관점에서는 마을을 학교와의 관계, 교육을 희망의 관점, 공동체를 통합의 관점에서 제시하고 있다(서용선 외, 2015). 학교 현장에서는 '마을을 통한 교육(learning through community)', '마을에 관한 교육 (learning about community)', '마을을 위한 교육(learning for community)' 이라는 세 가지 유형으로 구분하는 실천적 관점에서 마을교육공동체를 정의하고 있다(김용련, 2015; 오혁진, 2006). 마을교육공동체를 협력적 교육 거버넌스의 차원에서 '청소년들이 마을에 대해서 마을 속에서 배우고 마을을 위해서 활동하며, 학교·교육청·지자체·지역사회 주민·지역사회 단체 등이 네트워크를 형성하여 청소년들을 함께 교육하는 협력적 교육 거버넌스'라고 정의하기도 한다(조윤정 외, 2016).

지역별로 관련 조례에서 정의하는 마을교육공동체의 개념을 살펴보면, 이를 처음 정책화한 경기도교육청은 「경기마을교육공동체 활성화 지원에 관한 조례」 제2조 제4항을 통해 마을교육공동체를 '마을 내 학생, 교직원, 학부모, 마을주민 등이 함께 학생의 교육활동 지원을 위해 자발적으로 참여하는 공동체'라 정의하였다(김영철 외, 2016). 광

주에서는 마을교육공동체를 '학교 교육력 제고와 지역 사회 발전을 위하여 지방자치단체, 학교, 시민단체, 주민 등이 협력·지원·연대하는 공동체'를 의미한다. 세종에서는 '학교와 마을이 아이들을 함께 키우고 마을이 아이들의 배움터가 되도록 학교와 마을, 교육청과 지방자치단체 그리고 학부모와 시민사회가 협력하고 연대하는 교육생태계'로 표현한다(김종민 외, 2018).

인천광역시교육청은 「인천마을교육공동체 활성화 지원에 관한 조례」제2조 제2항을 통해 마을교육공동체를 '주민자치와 교육자치의 결합으로 마을이 아이들의 배움터가 되고, 마을에서 아이들이 자라도록 교육청과 지방자치단체 그리고 학부모와 시민사회가 협력하고 연대하는 교육생태계를 말한다.'라고 정의하고 있다.

다. 마을교육공동체 모형

김용련(김용련 외, 2014)은 경기도 혁신교육지구 사업 발전방향 연구에서 마을교육공동체 모형을 다음과 같이 제시하였다.

마을교육공동체는 교육공동체라는 하나의 큰 틀에서 학교공동체가 있고 지역사회 배움공동체가 있으며, 이를 조절하고 지원하기 위한 교육자치 공동체를 필요로 한다. 이 세 가지 각 하위 공동체가 서로 소통하고 연대하여 지역사회를 기반으로 하는 하나의 교육공동체가 되기 위해서는 위의 세 가지 구성요소가 유기적으로 상호작용하여 서로를 상승시키는 시너지 효과를 극대화해야 한다. 이러한 세 가지 하위 공동체의 유기적 관계를 도식화시켜 보면 아래의 [그림 Ⅱ-1]과 같다.

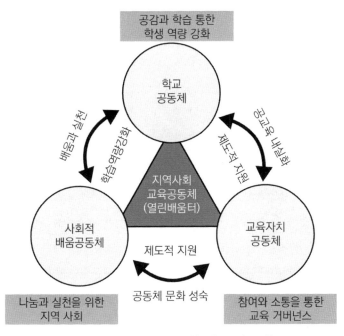

[그림 II-1] 지역사회 기반 마을교육공동체 모형
출처: 김용련 외(2014)

1) 학교공동체

학교공동체는 '공감과 학습을 통한 학생 역량 강화'를 기본 가치로 삼는다. 학교가 하나의 배움 공동체로 거듭나기 위해서는 참여 주체들 간의 공감을 바탕으로 이들이 참여하는 다양한 소공동체가 활성화 되어야 서로 간의 협업적 활동이 일어나게 된다. 공감을 바탕으로 하는 다양한 소공동체는 구성원들 간의 활발한 토의와 협력적 활동이 일어나게 하고, 이는 자연스럽게 자발적 학습으로 발전하게 된다. 이러한 공감을 바탕으로 시작하여 학습으로 이어지는 배움공동체는 궁극적으로 학생들의 역량 강화를 목표로 하며, 학교공동체에서 이루어지는 학생들의 배움은 순차적으로 지역사회 배움터로 확장하게 된다. 학교에서의 교육은 다분히 인지적 학습 방법에 따라 진행될 것이고, 학생들의 이러한 인지적 학습은 지역사회 배움터에서 다양한 실천과 경험을 통해 비로소 학습역량으로 강화된다. 따라서 이를 위하여 학교는 지역사회와 다양한 학습 네트워크를 구축하여야 한다.

2) 사회적 배움공동체

지역사회 배움공동체의 기본 가치는 '나눔과 실천을 위한 지역사회'를 구축하는 것이다. 이를 위하여, (사회적) 기업, 교육청, 지자체, 시민단체, 학부모 등 공동체 구성원 모두가 교육의 주체가 되어 그들의 재능과 자원을 나누고 공유함으로써, 학생들의 전인적인 학습과 올바른 배움이 이루어지도록 지역사회 교육환경과 인프라를 조성해야 한다. 이는 곧 공동체의식이 강한 사회에서 흔히 볼 수 있는 교육적 기여와 헌신 혹은 희생 등이 공동체 교육을 위한 자원으로 환원되는 선순환적 시스템이 구성되어야 한다는 것이다. 이러한 지역사회를 기반으로 하는 배움공동체는 학생들에게 다양한 실천과 체험의 기회를 제공하고, 이를 통해 학생들은 학교에서 습득한 가치 지향적 배움과 역량을 그들의 삶과 사회적 현실 속에서 실현하는 기회를 갖게 된다. 학교에서의 배움을 지역사회로 확장하기 위해서는 다양한 사회적 배움터가 개발되어 이들이 하나의 사회적 교육기관으로 혹은 교육적 인프라로 개발되어야 한다. 학교는 지역사회 배움터와 다양한 관계망을 구축하여 상호작용하게 된다. 이때 사회적 배움터는 목장, 소방서, 사회적 기업, 공장, 시장, 박물관, 민속촌, 연극 프로그램, 진로개발센터 등 학생들의 역량을 개발하고 강화시키는데 기여하는 다양한 시설, 기관, 프로그램을 포함하는 지역사회의 모든 요소를 일컫는다.

교육공동체 내에서는 사회적 기업, 조합, 시민단체, 관공서 등 모든 교육의 주체들이 재능을 기부하고 교육적 인프라를 공유하며, 공동의 참여와 자발적 기여로 배움을 활성화시키게 된다. 이런 과정들을 통하여 지역사회를 통한, 지역사회에 관한, 그리고 지역사회를 위한 교육이 이루어지게 된다. 학생들뿐만 아니라 교육공동체 모든 구성원들의 학습역량을 강화시킬 수 있는 상생의 공동체 문화를 만들어 나가게 되는 것이다.

3) 교육자치 공동체

교육자치 공동체를 위한 기본가치는 '참여와 소통을 통한 교육 거버넌스' 구축이다. 지역사회를 기반으로 하는 교육공동체를 구축하기 위해서는 모든 구성원들이 민주적이고 협력적인 참여를 바탕으로 하는 자치적인 교육 거버넌스가 이루어져야 한다. 교육공동체 참여 주체인 교육청, 지자체, 지역사회가 중심축을 이루어 제도적 지원뿐만 아니라 공동체적 리더십을 발휘하여 교육공동체 문화를 성숙시키고 더 나아가 공교육의 내실화를 도모할 수 있게 된다.

자치적 교육 거버넌스 체제를 구축하기 위한 핵심적 방법은 모든 지역사회 교육 주체들의 대표가 참여하는 '교육공동체 협의회'와 '교육공동체 지원센터'를 효율적으로 운영하는 것이다. 다시 말해서 교육청, 지자체, 지역사회가 교육공동체 협의회와 교육공동체 지원센터를 지원하고, 이 두 기구의 활동과 역할을 보장하여 교육 거버넌스 체제에 참여하게 함으로써 이루어질 수 있다.

또한, 교육청과 지자체의 유기적 관계가 지역사회를 기반으로 하는 교육공동체 구축을 위하여 더욱 심화되고 확산될 필요가 있다. 교육 청의 교육 전문성과 행정력 그리고 지자체의 행·재정적 자원은 두 기관이 협력적 교육 거버넌스 체계를 공고히 할 수 있는 핵심적 동력이라 할 수 있다.

2. 교육혁신지구

가. 교육혁신지구 개념

2011년 경기도를 시작으로 서울, 인천, 강원, 충북 등 전국 10개 시·도에서 운영되고 있는 교육혁신지구는 지역마다 혁신교육지구, 행복교육지구, 무지개학교교육지구 등 다양한 명칭으로 불리고 있다. 하지만 교육청 정책을 중심으로 지자체와 협력하는 교육 거버넌스, 즉 협치 체계라는 점에서는 크게 다르지 않다. 강민정은 "교육혁신지구는 '교육'을 중심으로 추진된 교육청과 지자체의 협력적인 거버넌스를 의미하는 것으로 정의하고 있으며, 지금의 교육혁신지구는 <자생적으로 이루어져 온 '마을교육공동체' 운동과 결합된 광범위한 지역교육 운동>으로 그 뜻을 확장시켜가고 있다"고 설명한다(강민정 외, 2018).

다양한 지역과 연구기관에서 정의하고 있는 교육혁신지구의 내용은 <표 Ⅱ-1>과 같으며 이와 같은 내용을 바탕으로 인천광역시교육청은 교육혁신지구를 '교육청, 기초 자치단체, 지역주민, 학교가 서로 소통하고 협력하는 지역교육공동체 구현을 위하여 인천광역시교육청과 기초 자치단체가 협약을 통해 지정한 자치구 또는 자치구 일부 지역'으로 정의하였다(인천광역시교육청, 2018).

<표 II-1> 다양한 지역과 연구기관에서 정의하고 있는 교육혁신지구

연구(발주)기관	연구연도	주요내용
경기도교육연구원 (백병부, 김현우, 원덕재, 채현우)	2014	경기도교육청이 2011년 안양시를 시작으로 시행한 사업으로 기초 지자체의 전 지역(City)이나 일부 지역(Zone)을 대상으로 도교육청 혁신교육사업과 기초 지자체 교육특화사업을 융합시켜 맞춤형 교육을 시행하는 새로운 학교문화를 만드는 사업
경기도교육연구원 (김영철, 임진철, 장슬기)	2017	교육청, 서울시, 자치구, 지역주민이 참여하고, 지역사회와 학교가 협력하여 새로운 교육모델을 실현하도록 서울시와 교육청이 지정하여 지원하는 자치구
경기도교육청	2018	학교와 지역사회가 적극적으로 소통하고 협력하는 지역교육공동체 구축을 위하여 경기도교육청과 기초지방자치단체가 협약으로 지정한 지역
서울특별시교육청	2015	모두에게 신뢰받는 공교육 혁신을 이루기 위해, 교육청, 서울시, 자치구, 지역 주민이 협력하여 혁신교육정책을 추진하도록 서울시와 교육청이 지정하여 지원하는 자치구
전라북도 교육청	2016	교육청과 지자체 간 새로운 교육협력 모델 구축하기 위한 사업으로 공교육 혁신으로 미래역량을 갖춘 지역인재를 육성하고, 지역사회의 참여와 협력으로 교육에 대한 인식을 전환하며, 지역사회 및 지역 교육공동체 구성원의 교육만족도를 제고하기 위한 학교-마을 교육공동체 구축 사업

나. 교육혁신지구 현황

1) 우리나라 교육혁신지구 현황

전국의 교육혁신지구 사업은 총 17개 시·도 중 11개 시·도에서의 총 185개 시군구 중 128지구에서 운영되고 있다. 이 중 서울형 혁신교육지구는 25개 구 25개 지구 전 지역, 부산 다행복교육지구는 16개 군구 중 7개 지구, 인천 교육혁신지구는 10개 군구 중 7개 지구, 대전 혁신교육지구는 5개 구 중 2개 지구, 경기 혁신교육지구는 31개 시군 중 16개 지구, 강원 행복교육지구는 18개 시군 중 12개 지구, 충북 행복교육지구는 11개 지역 11개 지구로 전 지역, 충남 행복교육지구는 15개 시군 중 12개 지구, 전북 혁신교육특구는 14개 시군 중 6개 지구, 경남 행복교육지구는 18개 시군 중 8개 지구, 전남 무지개학교 교육지구는 22개 시군 22개 지구 전 지역에서 운영되고 있다. 이외 대전시와 울산시는 2020년부터 교육혁신지구를 운영하기 위해 협약을 준비하고 있어서 교육혁신지구는 전국적으로 더욱 더 확장될 전망이다.

우리나라 교육혁신지구 중에서 가장 대표적이라고 할 수 있는 서울과 경기도 교육혁신지구 현황을 비전, 목표, 추진 과제 및 세부사업 등을 중심으로 간단히 살펴보면 아래와 같다.

가) 서울형 혁신교육지구 현황

서울형 혁신교육지구는 '학교·서울시교육청·서울시·자치구·지역주민이 협력해 새로운 공교육 모델을 실현하는 교육지구'로서 2015년 11개 자치구를 시작으로 2019년에는 25개 자치구 전체로 확대되어 운영하고 있다. 2016년까지 교육격차 해소와 공교육 혁신을 목표로 했다가 2018년에는 학교와 마을 교육공동체 조성으로 방향을 틀고, 교육청 중심이 아닌 시·구·민간·교육청이 협력함을 목표로 전환하였다. 2018년까지 1단계는 서울형 혁신교육지구를 확대하는 것에 집중하였다면, 2020년부터 2022년까지 2단계는 민·관·학 협력을 통한 교육의 질적 성장을 목표로 하여 어린이와 청소년의 행복한 성장을 지원한다. 최근 서울형 혁신교육지구 2단계 업무협약에 의하면 서울형 혁신교육지구는 첫째, 어린이와 청소년의 행복한 배움과 쉼을 위한 학교-마을교육공동체 구축하고 둘째, 청소년이 삶의 주체로서 성장하도록 청소년의 자치활동을 지원하고 셋째, 상호존중과 신뢰를 바탕으로 학교와 지역사회가 협력하는 민관학 거버넌스를 운영하는 것을 목적으로 한다(서울형 혁신교육지구 2단계 종합계획, 2019).

운영 목적에 따른 서울형 혁신교육지구 세부사업을 살펴보면, 학교-마을 교육협력 프로그램을 서울시 전역으로 확산하는 것을 핵심 과제로 하여 기존 모든 혁신교육지구가 수행해야 했던 '필수과제'를 없애고, 자치구별로 지역 특수성을 고려해 자율 사업을 운영할 수 있도록 구(區) 특화 교육브랜드 육성을 추진한다. 이를 위해 각 자치구는 2019년 평균 15억 원(시 5억 원, 시 교육청 5억 원, 자치구 5억 원 이상)을 투입해 지역사회·학교 간 협력체제도 동 단위로 확장해 지역밀착형 과제 발굴을 하도록 하였다. 이를 통해 서울형 혁신교육지구의 민관학 거버넌스를 더욱 확대하여, 지역 주민이 지역의 교육현안을 함께 고민하고 해결하는 장을 넓히고자 하는 것이다. 또한 어린이와 청소년이 주체성을 가지고 자발적으로 참여할 수 있도록 '청소년 자치', '어린이·청소년 동아리 지원', '청소년 활동 공간 마련' 등 다양한 청소년 지원 사업이 확대 추진된다.

나) 경기도 혁신교육지구 현황

전국에서 가장 먼저인 2011년부터 '지역사회 협력과 혁신교육 일반화를 위한 혁신교육지구' 사업을 전개한 경기도는 경기도교육청과 경기도 기초지자체가 업무협약을 맺어 공교육을 혁신하는 데 목적을 두었다. 2011년 6개 지자체로 시작하여 2016년에 '혁신교육지구 시즌Ⅱ'라는 이름으로 10개의 자치구가 참가하였으며 2019년 16개 지구로 확대 운영하였다. '학생과 학교, 주민과 지역이 함께 행복한 교육실현'이라는 비전을 위해 첫째, 지역사회의 교육 자원을 발굴하여 학교와 연계한 지역 특색교육을 실시하고 둘째, 학교 교육활동을 지원할 수 있는 교육인프라 구축 및 자원 공유로 교육의 균형적 발전을 도모하고 셋째, 학교와 지역사회가 적극적으로 소통하고 협력하는 지역교육공동체를 구축하는 데 추진 목적을 둔다.

2019년 경기도 혁신교육지구 시즌Ⅱ의 구체적인 추진과제는 크게 세 가지로 첫째, 학교 교육활동에 활용 가능한 지역사회의 교육 자원 제공을 통해 학교의 지역 특색 교육과정을 운영하도록 지원하는 것이다. 지역 특성에 맞는 지역 사회 연계 프로그램이나 지역사회 교육 자원의 프로그램 연계 확대, 지역 교육 자원 활용을 위한 원클릭 시스템을 구축하고자 하였다. 둘째, 학교-지역사회 협력 프로그램을 운영하고 혁신교육지구간 네트워크를 활성화하고자 하였다. 교육협력지원센터를 운영한다거나 학교-유관기관-대학 연계 진로 프로그램을 운영하거나 혁신교육지구를 6개 권역으로 나누어 혁신교육지구간 네트워크를 활성화하는 등 지역 전체의 교육력을 제고하고자 하였다. 셋째, 혁신교육지구의 지속적 성장과 발전을 위해 혁신교육지구 시즌Ⅲ 모델을 개발하고 혁신교육 특성화 지구를 운영하여 지역교육 생태계 확장을 위한 시스템을 구축하고자 하였다(경기도 교육청, 2019).

2) 인천의 교육혁신지구 현황

'교육청과 기초자치단체와의 실질적 협력을 통한 공교육 혁신모델 구축'을 표명하는 인천 교육혁신지구는 10개 군구 중 2019년 7개 지구 즉 미추홀구, 중구, 계양구, 부평구, 서구, 연수구, 남동구에서 실시였다. 2014년 당시 교육감이 '지역별 교육격차 해소를 위한 교육혁신지구 운영'을 공약으로 내세우면서 추진되어 2015년 미추홀구에서 처음으로 시작되었으며 이후 2017년에 계양구, 부평구, 중구의 교육 혁신지구 업무협약이 체결되었고 2019년에 서구, 연수구, 남동구로 확대되어 총 7개의 교육혁신지구가 운영되었다.

각 지자체별 교육혁신지구의 비전과 정책방향, 정책, 세부사업, 예산을 중심으로 현황을 살펴보면 다음과 같다.

가) 미추홀구 교육혁신지구

미추홀구 교육혁신지구는 '가고 싶은 학교, 살고 싶은 마을 만들기' 라는 비전 아래 인천광역시교육청, 인천광역시남부교육지원청, 인천광역시미추홀구 및 지역사회의 협력을 강화하여 공교육 혁신을 실현하기 위해 지정한 미추홀구 지역을 의미하며, 배움과 돌봄의 책임교육 공동체로 교육자치와 일반자치가 연대하고 그 연대를 실현하는 것을 목표로 하였다. 2015년부터 5년간 운영하며, 정책지표별 세부사업은 1년 단위로 운영하고 있다. 2019년 미추홀구 관내 초·중학교 35개교를 대상으로 하여 3개 정책지표, 8개의 세부사업으로 운영되었으며 세부사업별 지원 대상은 공모, 신청, 지정에 의해 선정하고 교육혁신지구 전담팀을 구성하여 사업 운영 및 학교의 프로그램을 지원하였다. 구체적인 주요 정책 및 정책별 추진과제는 <표 Ⅱ-2>와 같다.

정책지표	사업명	세부사업명	예산 (단위: 천원)
공교육 혁신	교육과정 지역화	1. 마을연계 교육과정 운영	1,480,000
		2. 학생자율 동아리 운영	
		3. 독서·토론·논술 교육	
민관 교육협력 모델 운영	교육혁신	4. 교육혁신 역량 강화	201,100
		5. 학교 공간 혁신사업	
	민관학 거버넌스	6. 교육협력 네트워크 활성화	
미추홀구 온마을교육 공동체 운영	미추홀구 온마을교육 특성화	7. 미추홀구 온마을교육공동체 운영	430,045
	미추홀구 진로교육지원센터 운영	8. 미추홀구 진로교육 지원센터 운영	
합계			2,111,145

나) 중구 교육혁신지구

중구 교육혁신지구는 미추홀구 교육혁신지구와 마찬가지로 '가고 싶은 학교, 살고 싶은 마을 만들기'라는 비전으로 인천광역시교육청과 인천광역시중구가 협약을 맺고 인천광역시남부교육지원청, 인천광역시중구 및 지역사회가 협력하여, 유무형의 마을 자원 모두를 활용하여 아이들이 바르게 성장할 수 있도록 배움과 돌봄을 지원하고 공교육 혁신 정책을 추진하기 위해 지정한 중구 지역을 의미한다. 2017년부터 5년간 운영하며, 정책지표별 세부사업은 1년 단위로 운영하고 있다. 중구 관내 초중학교 23개교를 대상으로 하여 4개 정책 지표에 따른 6개 세부사업을 운영하며 구체적인 주요 정책 및 정책별 추진과제는 <표 Ⅱ-3>과 같다.

정책지표	사업명	세부사업명	예산 (단위: 천원)
공교육 혁신	교육과정 지역화	1. 마을연계 교육과정	389,000
		2. 학생자치 동아리	
	교육혁신	3. 교육공동체 역량강화	
교육 공동체 협력	민관학 거버넌스	4. 교육공동체 토론회	15,400
		5. 지역교육 혁신협의회	
마을교육 공동체 기반조성	마을-학교 협력시스템 구축	6. 마을활동가 양성	70,600
		7. 마을-학교 협력교육과정	
지역특화사업	마을 자원을 활용한 창의적 체험 활동	8. 중구마을 구석구석탐방	508,000
	학교 공간 혁신사업	9. 마을과 공유하는 학교 만들기	
합계			983,000

다) 계양구 교육혁신지구

계양구 교육혁신지구는 '함께하는 배움과 가르침이 문화가 되는 교육
도시 계양'을 비전으로 하여 인천광역시서부교육지원청, 인천광역시계양
구 및 지역사회의 협력을 강화하여 공교육 혁신을 실현하기 위해 지정
한 계양구 지역을 일컫는다. 2017년부터 5년간 운영하며, 정책지표별
세부사업은 1년 단위로 운영하고 있다. 2019년 계양구 관내 초·중학교
41교를 대상으로 하여 3개 정책지표, 10개의 세부사업을 운영하였으며
구체적인 주요 정책 및 정책별 추진과제는 <표 II-4>와 같다.

<표 II-4> 계양구 교육혁신지구 정책지표 및 정책별 세부사업

정책지표	사업명	세부사업명	예산 (단위: 천원)
공교육 혁신	교육과정 특성화	1. 마을 연계 토론 특성화 교육과정 운영	716,000
		2. 학교-마을 협력수업 운영	
		3. 지역 특색 교육과정 지원	
마을 교육 공동체 운영	마을 교육 공동체 활성화	4. 마을교육공동체 양성과정	47,500
		5. 마을교육공동체 활동 활성화	
		6. 마을청소년학교 운영	
		7. 교육봉사단 운영	
선진 교육 협력 모델 구축	교육혁신지구 참여 확산 및 역량 강화	8. 민관학 거버넌스 구축운영	46,000
		9. 교육공동체 역량 강화	
		10. 교원연구활동 지원	
		합계	809,500

라) 부평구 교육혁신지구

부평구 교육혁신지구는 부평구 지역 내 신도심 지역과 구도심 지역 간 교육격차가 교육현안으로 제기되면서, 재개발 재건축 사업의 진행으로 경제적·교육적으로 소외된 지역인 십정동을 중심으로 2017년부터 시작되었으며 2019년 초·중학교 6개교를 중심으로 운영되었다. '학교와 마을이 함께하는 행복한 부평교육'을 비전으로 하여, 가고 싶은 학교 살고 싶은 마을 만들기와 열우물 마을형 모델 만들기, 지역자원 발굴과 연계로 마을 교육 기반구축을 목표로 하고 있다.

<표 II-5> 부평구 교육혁신지구 정책지표 및 정책별 세부사업

정책지표	사업명	세부사업명	예산 (단위: 천원)
창의공감 교육과정	교육과정 특성화 및 마을연계교육과정	1. 교육과정 특성화 및 마을연계교육과정	74,000
마을학교 연계사업	마을연계 학교교육과정 운영	2. 마을교육공동체 역량강화사업	83,400
		3. 열우물 마을배움터 운영·지원	
		4. 열우물 마을-학교연계 사업 지원	
민관학 거버넌스 운영	민관학 거버넌스 운영	5. 부평 교육혁신지구 사업 홍보	12,000
지역화특화 사업	지역화특화사업	6. 열우물 마을따숨터 운영·지원	54,600
		7. 열우물 마을놀이터 운영·지원	
		8. 열우물 마을봉사단 구성·운영원	
		9. 열우물 마을축제 운영·지원	
		합계	224,000

마) 연수구 교육혁신지구

2019년부터 운영된 연수구 교육혁신지구는 5년간 '마을 안에서 미래의 꿈을 키우는 교육혁신도시 연수'란 비전으로 마을과 학교가 함께 소통, 협력하고 성장하는 교육공동체와 즐거운 학교문화 조성을 목표로 한다. 3개의 정책지표에 따른 10개 세부사업으로 구성되어 있으며 연수구 관내 46개 초·중학교를 대상으로 운영하였다.

<표 Ⅱ-6> 연수구 교육혁신지구 정책지표 및 정책별 세부사업

정책지표	사업명	세부사업명	예산 (단위: 천원)
교육공동체 실현	마을교육공동체 운영 기반 마련	1. 마을 교육 자원조사 용역 실시	72,000
		2. 연수 마을 학교 운영	
민관학 거버넌스	민관학 거버넌스 운영	3. 신뢰의 민관학 거버넌스 운영	55,200
		4. 교육혁신지구 운영 역량 강화	
공교육 혁신	교육과정 특성화	5. 마을연계 교육과정 운영학교 지원	1,398,800
		6. 열린 인성 함양 교육프로그램 지원	
		7. 수레바퀴 꿈 교실 운영	
		8. 학습자원활동가 양성 프로젝트	
		9. 감성문화 예술교육 운영	
		10. 학생 동아리 운영	
		합계	1,526,000

바) 서구 교육혁신지구

2019년부터 시작된 서구 교육혁신지구는 '미래를 여는 혁신적 교육 환경 도시'를 비전으로 구·교육청·학교·주민이 함께 소통하고 협력하여 학교교육과정을 지원함은 물론 학교 밖 마을에서도 학생들에게 배움을 줄 수 있도록 교육공동체를 조성하여 청소년 미래의 꿈을 여는 환경을 만들고자 하였다. 초·중학교 61개교를 중심으로 4개의 정책지표와 21개의 세부사업을 운영하였으며 구체적인 정책 지표별 세부사업은 <표 Ⅱ-7>과 같다.

<표 II-7> 서구 교육혁신지구 정책지표 및 정책별 세부사업

정책지표	사업명	세부사업명	예산 (단위:천원)
공교육 혁신	마을연계 교육과정 운영	1. 지역연계 창의체험 지원	127,000
		2. 소통 토론 문화 조성	
		3. 환경생태체험프로그램	
	학생동아리 지원	4. 문화예술 동아리지원	
함께 만드는 교육도시 모델 구축	마을교육공동체 운영	5. 마을자원조사	116,300
		6. 마을교육활동가 양성	
		7. 마을학교 운영	
	선진교육협력모델 구축	8. 민관학 거버넌스 구축운영	
		9. 혁신지구 역량 강화	
		10. 교육공동체 역량 강화	
청소년 자치 활동 강화	청소년 자치활동 강화	11. 어린이참여위원회 운영	388,504
		12. 아동축제기획단 체계적 운영	
		13. 청소년 참여위원회 운영	
		14. 아동참여캠프 운영	
		15. 청소년 동아리 활동지원	
		16. 청소년 지역사회 네트워크협의체	
지역 특색 교육인프라 구축	미래선도 4차 산업 역량강화	17. 청소년 4차 산업 진로직업체험 특성화실 조성	388,504
		18. 청소년 4차 산업 메이커스 경진대회	
	글로벌 인재양성 프로젝트	19. 주말영어광장 운영	
		20. 비바잉글리쉬 골든벨	
		21. 청소년 잉글리쉬 씽크·토크 플러스 대회	
		합계	1,020,308

사) 남동구 교육혁신지구

2019년 7월부터 시작된 남동구 교육혁신지구는 '행복한 삶을 함께 하는 희망 남동교육'을 비전으로 인천광역시교육청, 인천광역시동부교육지원청, 인천광역시남동구 및 지역사회의 협력을 강화하여 공교육 혁신을 실현하기 위해 지정한 남동구 지역을 일컫는다. 3개의 정책지표와 7개의 세부사업으로 구성되어 있으며 초·중학교 61개교를 중심으로 운영되고 있다.

<표 II-8> 남동구 교육혁신지구 정책지표 및 정책별 세부사업

정책지표	사업명	세부사업명	예산 (단위: 천원)
공교육 혁신	공교육혁신 기반 조성	1. 남동구 교육혁신지구 활성화 연구	30,000
		2. 마을자원 목록 개발	
	교육과정 지역화	3. 마을연계교육과정 우수사례 개발	
민관학 교육 협치 체제 구축	민관학 거버넌스 운영	4. 교육협력 네트워크 활성화	30,000
남동구 마을교육 공동체 운영	남동구 마을교육공동체 연대	5. 교육혁신지구 역량 강화	40,000
		6. 남동구마을교육활동가 양성	
		7. 교육혁신지구 사업 질 제고	
합계			100,000

다. 교육혁신지구 성과

교육혁신지구의 성과는 크게 실제 교육혁신지구 운영에 따른 사업의 성과로서, 대표적 교육혁신지구인 서울과 경기도의 성과와 일반적 교육혁신지구가 지향하는 성과로 나누어 살펴보고자 한다.

1) 지역별 교육혁신지구의 성과

가) 서울형 혁신교육지구의 성과

서울형 혁신교육지구 사업의 발전전략(이혜숙, 2018) 보고서에 따르면, 민관학 거버넌스 구성원 전체를 대상으로 한 설문조사 결과를 바탕으로 혁신교육지구와 민관학 거버넌스의 운영에 대한 성과를 다

음과 같이 제시하였다.

혁신교육지구 운영 성과에 대해서는 '학생에게 유의미한 학습경험
및 진로체험 제공에 대한 기여도'가 79.4%로 가장 높이 평가되었으
며, 그 다음으로 '지역사회의 인적·물적 자원 활용' 75.8%, '지자체와
교육청 간 협력 계기 형성' 75.4%, '학교-마을 공동체 형성 계기 조
성' 72.1%의 순으로 나타났다. 다음 민관학 거버넌스 운영 성과에 대
해서는 '민·관·학 3자의 대표로 협의체가 구성된다(77.9%)', '협의
체 결정사항이 사업계획과 집행과정에 반영되고 있다(75.7%)', '의견
조정과 합의를 거친 결정 과정이다(74.2%)'순으로 답하였다. 이를 통
해 알 수 있는 혁신교육지구의 가장 큰 성과는 민관학이라는 교육주
체들의 협치 경험과 협치 구조의 생성, 그리고 학교와 지역사회 간의
교육 협력 시도가 이루어졌다는 점이다.

나) 경기도 혁신교육지구의 성과

경기도 혁신교육지구 시즌Ⅱ 성과와 과제(하봉운, 2017) 보고서에
따르면, 경기도 혁신교육지구 사업의 성과평가를 위하여 BSC모형과
체제변화모형에 기반을 두어 핵심성과지표별로 학생, 학부모, 교사의
인식을 비교·분석하였다. 우선, 학생의 경우 혁신교육지구의 목표영
역에 있어 지역공동체 의식 향상, 학교수업과 지역의 연계, 지역 특
색교육활성화에 기여했다고 답했으며, 학교 만족도 부분에서는 전반
적으로 높은 수준에서 만족하고 있음을 나타냈다. 두 번째, 학부모의
경우 혁신지구의 목표영역에 있어 학교와 지역사회의 소통과 지역공
동체 의식이 향상되었음을 보였다. 세 번째, 교사의 경우 혁신지구
목표영역에 있어서 학교와 지역사회의 소통이 제일 높게 나타났으며,

지역에 대한 이해 및 지역자원을 활용한 교육활동을 실천하고 있는 것으로 답하였다. 학교 만족도에 있어서 대체적으로 높은 만족 수준을 보였다.

2) 교육혁신지구의 일반적 성과

강민정 외(2018)에 의하면, 교육혁신지구의 일반적 성과는 우선, 교육에 대한 인식 전환이다. 학교가 끝난 후, 방과 후 시간을 보내는 아이들의 생활도 교육적 시스템에 의해 사회가 책임져야 한다는 인식이 높아졌으며, 이에 따라 사회적 약자인 아동과 청소년에게 관심을 기울이고 그들을 위한 복지 시스템을 구축하기 위해 학교와 마을이 협력하게 되었다.

둘째, 교육 패러다임의 확장이다. 학교 교육의 한계를 극복하기 위해 교사, 부모, 지역 주민까지 교육적 책임을 나누고 학교에서 나아가 마을까지로 교육적 공간을 확장시키게 되었다.

셋째, 거버넌스의 실질적 단초를 마련하였다. 교육청, 지자체, 학교, 지역 주민들이 주체가 되는 거버넌스 실천이 이루어졌으며 단순한 마을 협력 교육 정책이 아니라 마을 교육공동체를 만들기 위한 기초를 마련하게 되었다.

넷째, 교육 자원을 발굴하고 조직화하는 데 기여하였다. 지역의 교육 자원을 발굴하여 교육 활동에 연결함으로써 지역의 교육 인프라를 더욱 풍부하게 만드는 역할을 하였다.

다섯째, 공교육 혁신에 기여하였다. 공교육 혁신에 대한 필요성과 인식을 학부모와 지역사회에까지 확산하고 실천적 대안을 모색하게 하였으며 학부모와 지역의 지원을 받게 됨으로써 공교육 혁신의 효과가 더 커질 수 있었다.

여섯째, 공동체성의 회복이다. 교육을 매개로 공동의 관심사와 문제를 함께 해결하고 협력해 나감으로써 해체된 마을의 공동체성을 복원하는 계기가 되었다.

3. 미추홀구 교육혁신지구

가. 사업 개요

미추홀구 교육혁신지구는 '가고 싶은 학교, 살고 싶은 마을 만들기'라는 비전으로 인천광역시교육청, 인천광역시남부교육지원청, 인천광역시 미추홀구 및 지역사회의 협력을 강화하여 공교육혁신을 실현하기 위해 지정한 미추홀구 지역이다. 미추홀구 교육혁신지구의 목표는 '배움과 돌봄의 책임공동체로 교육자치와 일반자치의 연대·실현'이다.

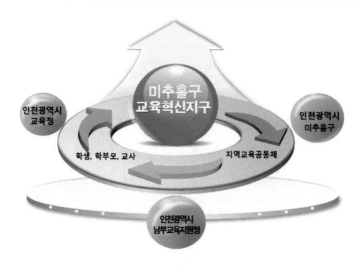

비 전

모두가 행복한 미추홀구 교육
가고 싶은 학교, 살고 싶은 마을

목 표

**배움과 돌봄의 책임교육공동체로 교육자치와
일반자치 연대 · 실현**

미추홀구
교육혁신지구

인천광역시
교육청

인천광역시
미추홀구

학생, 학부모, 교사

지역교육공동체

인천광역시
남부교육지원청

[그림 II-2] 미추홀구 교육혁신지구 사업 추진 체계

미추홀구 교육혁신지구 사업은 인천광역시 미추홀구 관내 초·중
학교 35개교를 대상으로 2015년부터 5년간 운영하였으며, 정책 지표
별 세부사업은 1년 단위로 교육혁신지구 사업평가 및 교육공동체 의

견을 수렴하여 조정하여 운영하고 있다. 2019년 현재 공교육 혁신, 민관 교육협력 모델 운영, 온마을교육공동체 활성화를 위해 3개 정책 지표, 8개 세부사업을 상호 협의 및 협력에 의해 추진하고 있다.

<표 II-9> 미추홀구 교육혁신지구 사업 추진 경과

분류	추진 경과
도입기 (2014-2015)	미추홀구 교육혁신지구선정(2014.12.22.) 미추홀구 교육혁신지구 업무협약(MOU) 체결(2015.1.15.) 부속합의(인천광역시교육청-인천광역시 미추홀구 간)(2015.2.25.) '9개 세부사업 운영' 대상 학교 공모 및 예산 배부(2015.2.~6.) 지역교육 혁신 협의회(2015.4.~12.) 미추홀구 교육혁신지구 인식 설문조사(2015.4.1.~4.15.) 미추홀구 교육혁신지구 핵심사업 담당자 역량강화 연수(2015.4.~8.) 미추홀구 교육혁신지구 학부모, 교장, 교감, 교사 토론회(2015.5.~9.) 교육혁신지구 선진지 탐방(의정부, 서울, 완주)(2015.7.10.) 학생동아리 아카데미 개최(2015.9.5.) 미추홀구 교육혁신지구 한마음 축제 개최(2015.11.21.)
정착기 (2016)	미추홀구 교육혁신지구 사업설명회 및 부속합의(2016.1.) 미추홀구 사업별 담당교사 연수 및 직무연수(2016.2.~11.) 미추홀구 교육혁신지구 지역교육혁신협의회 및 실무자 협의회(2016.3.~12.) 미추홀구 교육혁신지구 교육감 및 교육장 학교방문 간담회(2016.4.~7.) 미추홀구 교육혁신지구 마을연계 교육과정 컨설팅(2016.4.~8.) 미추홀구 교육혁신지구 학부모, 교원 원탁토론회(2016.5.22./2016.7.8.) 미추홀구 온마을학교 프로그램 운영(2016.6.~12.) 학생동아리 아카데미(2016.9.10.) 미추홀구 교육혁신지구 현황분석 및 중장기 발전방안연구(2016.11.4.) 미추홀구 온마을교육 대축제(2016.11.4.~11.6) 미추홀구 교육혁신지구 전문적학습공동체 발표회 및 사업 우수사례집 발간(2016.11.30./2016.12.23.)
성장기 (2017)	미추홀구 교육혁신지구 사업 설명회 및 부속합의(2017.1.19./2017.2.1.) 미추홀구 사업별 담당교사 연수 및 직무연수(2017.2.~11.) 남부 학교혁신 추진지원단 협의회(2017.3.14.) 미추홀구 온마을학교 운영(2017.4.6.~11.) 미추홀구 교육혁신지구 학교장, 학부모 연수 및 네트워크 운영 (2017.4~.12.) 미추홀구 교육혁신지구 지역교육혁신협의회 및 실무자 협의회 (2017.4.~12.) 민관학 거버넌스 워크숍 및 미추홀구 교육혁신지구 교육 포럼 (2017.5.23./2017.12.6.) 남부 학교혁신 선진지 탐방(제천간디학교)(2017.9.19.) 마을교육활동가 양성과정 운영(2017.10.17.~10.30.)

	제2회 미추홀구 온마을교육 대축제 및 성과자료집 발간 (2017.11.3.~11.4/2017.12.29.) 교육부 주관 진로교육 페스티벌 부스 운영(전국 우수 지자체 선정) (2018.1.10.~1.11.)
안착기 (2018-2019)	미추홀구 교육혁신지구 사업 설명회 및 부속합의(2018.1/2019.1.) 마을교육활동가 양성과정 운영(2018.1.4.~4.19.) 미추홀구 온마을학교 교육콘텐츠 공모 및 선정(2018.1.3.~2.27.) 미추홀구 온마을학교 및 참부모연구 학습동아리 운영(2018.3.~11.) 교육혁신지구 추진지원단 협의회 및 지역교육혁신협의회 운영 (2018.3.~12.) 교육혁신지구 담당자 연수 및 직무연수, 교사 간담회 및 학교장 체험 연수(2018.4.~11.) 온마을교육공동체 교사아카데미 및 연구모임 운영(2018.6.~12.) 제 3회 미추홀구 온마을교육 대축제(2018.10.27.) 교과연계 마을학교 시범사업 운영(2018.10.31.~11.30.) 미추홀구 교육혁신지구 교육 포럼(2018.12.6.) 미추홀구 온마을교육공동체 2018년 성과자료집 발간(2018.12.29.) 민주적 공동체 성장 프로그램 설계 및 검증(2019.1.) 미추홀구 마을자원 검색시스템 구축(2019.1.) 2019 미추홀구 교육혁신지구 설명회 및 마을자원 박람회(2019.1.) 2019 마을연계교육과정 및 혁신지구 세부사업 추진(2019.4.~12.) 마을연계형 학교운영위원회 모델학교 공모 운영(2019.4.~12.) 학부모 마을교육 활동가 양성과정 운영(2019.4.~12.) 학교 공간혁신 사업 추진(2019.4.~12.) 미추홀구 교육혁신지구 성과분석 및 평가(2019.6.~9.)

나. 단계별 추진 경과

2015년 1월 인천광역시교육청과 미추홀구 간 교육혁신지구 업무협약(MOU)을 체결하고, '지역주민에게 신뢰받는 공교육 혁신'을 목표로 학교와 지역이 협력하여 '가고 싶은 학교, 살고 싶은 마을 만들기' 사업을 시작하였다.

교육혁신지구 운영을 위한 조례제정협의(지자체), 각종 규제 완화, 우수교원 확보 등의 제도적 지원과 교육기본시설 및 지역 인프라 지원, 교육혁신지구 사업 협의·자문 및 심의 기구인 지역교육혁신협의회 운영 등 교육협력 지원을 기반으로 「공교육 혁신모델」, 「미래역량 인재 육성」, 「교육협력선진모델」, 「지역 특색사업 운영」의 4개 정책 지표를 설정하였다. 이에 따른 17개 세부사업은 공모, 신청, 지정의 방법으로 선정하였으며 단위학교·남부교육지원청·미추홀구청의 상호 협의 및 협력을 바탕으로 운영하였다. 혁신지구 지역교육공동체의 참여 및 의견 수렴을 위해 지역 선진지 탐방과 외부전문가 컨설팅, 교육공동체(학부모, 교장, 교감, 교사) 토론회, 담당자 간담회 등 교육 협력을 위한 네트워크 강화에 힘썼으며, 미추홀구 교육혁신지구 한마음 축제 및 우수사례발표회 등 일반화를 위해 노력하였고 교육혁신지구 만족도 조사 및 성과분석을 통해 '혁신지구 중장기 발전방안'을 마련하고자 하였다.

2016년 미추홀구 교육혁신지구는 1차 년도 성과분석을 바탕으로 사업을 재편하는 동시에 지역교육공동체의 지역 특색 교육 사업 및 지역화 교육과정에 대한 요구를 반영하여 교육혁신지구 사업의 토대를 세워나갔다. 2016년 지역연계 교육과정의 개념이 새롭게 도입되면서 '교육과정 특성화, 마을과 함께하는 교육과정'을 강조하였으며, 교사 전문적 학습공동체 및 연구회, 학생 동아리 운영, 교육 주체별 연수·포럼·토론회 등을 개최하여 교육주체로서 교육혁신역량을 강화하고, 민관학 거버넌스를 통해 지속 가능한 미추홀구 교육혁신지구 성장 방안을 논의하였다.

특히, 지역 특색사업 강화를 위해 2016년에 시작된 「미추홀구 온마을교육」은 지역사회의 인프라를 학교와 연계해 지역사회의 교육적 기능을 회복하고 공교육 정상화를 도모하는 교육 운동이자 지역 공동체 회복 운동의 지향을 보여주는 미추홀구 교육혁신지구의 상징적 핵심어이다. 2016년부터 21개 프로그램으로 시작한 미추홀구 온마을학교 프로그램은 2017년 35개로 확대되었고, 혁신지구의 성과 공유와 확산을 위해 열린 2016년 제1회 미추홀구 온마을교육 대축제 또한 현재까지 마을교육공동체 오픈컨퍼런스, 각종 부스 운영, 청소년 영상제 등 민관학이 함께 공감하고 체험하는 축제 한마당으로 자리매김하였다.

2017년 미추홀구 교육혁신지구는 2016년 미추홀구 교육혁신지구 사업을 바탕으로 사업의 지속성과 내실을 갖추는 시기였다. 남부 학교혁신 추진지원단을 설립하여 학교혁신을 위한 협의체를 강화하였고 미추홀구 온마을학교를 35개교로 확대하여 운영하였다. 민관학 거버넌스 워크숍 개최, 남부 마을교육공동체 직무연수 운영 등으로 교육혁신지구 사업을 위한 협력적 네트워크를 강화해나갔으며 인천시 최초 '마을교육활동가 양성과정'을 운영하여 민간 주체의 힘을 길러내고 마을의 문화시설과 네트워크 확장에 기여하였다. 또한 미추홀구 진로교육센터를 운영하며, 학교 내 진로교육 지원과 학교 밖 진로 프로그램 진행으로 청소년 진로교육 기회를 확대하였다. 이러한 성과로 전국 우수 지자체로 선정되어 미추홀구 교육혁신지구 사업인 「마을교육의 힘! 학부모가 함께하는 진로교육」분야로 교육부 주관 진로교육 페스티벌에 참가하기도 하였다.

2018년도 이후 미추홀구 교육혁신지구는 '지속적이고 실제적인 교육자치와 일반자치의 연대·실현'을 위해 중간지원조직의 다양화, 협력적 교육 거버넌스를 구축하고자 노력하고 있다. 지역교육혁신협의회가 기존에 운영되고 있었지만 실제적인 사업이 구체적으로 논의되기 어려웠는데 이를 위해 현장 교사들이 중심이 된 교육혁신지구 추진지원단을 새롭게 구성하여 마을연계교육과정 운영과 공교육 혁신 사업이 단위 학교에 뿌리내릴 수 있도록 지원하고 있으며 온마을교육공동체 교사 아카데미 과정 및 연구 모임을 개설해 학교 교사들과 마을활동가(마을강사)들의 협력적 관계가 이루어질 수 있도록 하였다. 또한 교육혁신지구 지구별 컨설팅을 운영하여 인근 학교끼리 네트워크를 만들어 서로 아이디어를 공유하고 마을연계교육과정 계획 및 운영에 도움이 되도록 하였다. 참부모연구 학습동아리 및 학부모 진로지원단 양성 등 학부모 사업 활성화를 통한 학부모 교육 참여를 확대하고 학부모 대상 마을교육활동가 양성 과정도 새롭게 개설하였다.

또한 이를 위한 환경적 지원으로 온마을학교 프로그램을 비롯해 다양한 마을자원과 마을교육 프로그램을 분야별, 지역별로 체계화한 마을자원 검색시스템을 구축하였고, 민주적 공동체 성장 프로그램을 설계 및 지원하고 이러한 프로그램들을 마을 자원 박람회를 통해 안내하기도 하였다. 2019년에는 학교 단위의 마을교육공동체 거버넌스를 구축해보자는 취지로 마을연계형 학교운영위원회 모델학교를 선정·운영하였으며 학교 시설을 마을 주민들에게 개방하는 것을 포함한 학교 공간 혁신 사업도 새롭게 시도되었다.

이처럼 다양한 중간지원조직 지원 및 협력적 교육 거버넌스를 구축하고자 하는 노력으로 2019년 현재 미추홀구 교육혁신지구는 미추홀구 관내 초·중학교 35개교를 대상으로 「공교육 혁신」, 「민관교육협력모델 운영」, 「미추홀구 온마을교육공동체 운영」의 3가지 정책 지표를 중심으로 8개의 세부사업을 추진하는 가운데 학교와 마을, 그리고 교육공동체 속에 안정적으로 자리매김하고 있다.

다. 미추홀구 교육혁신지구 사업 주요 실적

지난 5년간 미추홀구 교육혁신지구의 정책 지표 및 사업은 [표Ⅱ-10]과 같다. 1년 단위의 사업성 평가 및 교육공동체의 의견 수렴을 통한 사업 재편을 통해 연도별로 차이는 있으나 2016년 이후 「공교육 혁신」, 「교육협력모델 운영」, 「온마을교육공동체 운영」의 방향성은 변함없이 유지되고 있음을 확인할 수 있다.

<표 Ⅱ-10> 연도별 미추홀구 교육혁신지구 정책지표 및 사업

연도	정책지표	사업명	세부사업명
2015	공교육혁신 모델	학교문화혁신	1. 늘배움 학년/교과 운영 2. 늘배움 교사동아리 운영
		수업 및 상담 혁신	3. 늘배움 장학환경 지원 4. 수업협력강사 지원 5. 학생 상담 환경 지원
	미래역량인재 육성	교육과정특성화	6. 창의공감 교육과정 운영 7. 학교도서관 활성화 지원 8. 선생님과 함께하는 인천스케치
		진로교육 강화	9. 꿈·끼·감성의 학생 동아리 운영
	교육협력선진모델	지역교육 거버넌스 활성화	10. 지역교육공동체 토론회 11. 교육공동체 한마음 축제
		질관리시스템 구축	12. 교육공동체 역량 강화 13. 핵심사업 컨설팅단 운영
	지역 특색사업 운영	마을교육공동체 기반 조성	14. 교육혁신지원센터 운영 15. 꿈찾기 명사교실 16. 진로 체험학교 운영 17. I-Media 시티 창조체험

2016	공교육 혁신	교육과정 특성화	1. 창의공감교육과정운영
		수업혁신	2. 전문적 학습 공동체 운영
		미래역량 강화	3. 꿈·끼·감성의 학생동아리 4. 학생상담 지원 5. 독·토·논 교육 지원
	선진교육협력모델 운영	질관리시스템 강화	6. 교육혁신역량 강화
		교육협력네트워크 활성화	7. 민관학 거버넌스 운영
	미추홀구 온마을교육 기반 구축	미추홀구 온마을교육특성화	8. 미추홀구 온마을교육지원센터 운영
2017	공교육혁신모델	교육과정 특성화	1. 창의공감 교육과정 운영
		수업혁신	2. 전문적 학습 공동체 운영
		미래역량 강화	3. 자기주도 배움의 학생동아리 운영 4. 독서·토론·논술 교육
	교육협력선진모델	교육혁신	5. 교육혁신 역량 강화 6. 교육공동체미디어 역량 강화
		교육협력네트워크 활성화	7. 민·관·학 거버넌스 운영
	지역 특색사업 운영	미추홀구 온마을교육특성화	8. 미추홀구 온마을교육 운영
		미추홀구 교육지원센터 구축	9. 미추홀구 온마을교육 지원센터 운영
2018	공교육혁신	교육과정 대강화	1. 마을연계 교육과정 운영 2. 꿈·끼감성의 학생 동아리 3. 독서·토론논술 교육 운영
	민관교육협력 모델 운영	교육혁신	4. 교육혁신 역량 강화 5. 교육공동체 미디어 역량 강화
		교육협력네트워크 활성화	6. 민·관 교육협력 체제 운영
	미추홀구 온마을교육공동체 운영	미추홀구 온마을교육 특성화	7. 미추홀구 온마을교육공동체 운영
		미추홀구 교육지원센터 구축	8. 미추홀구 온마을 교육지원센터 운영

2019	공교육혁신	교육과정 지역화	1. 마을연계교육과정 운영 2. 학생자율동아리 운영 3. 독서·토론·논술 교육
	민관교육협력모델 운영	교육혁신	4. 교육혁신 역량 강화 5. 교육공동체 미디어 역량 강화
		교육협력네트워크 활성화	6. 민·관 교육협력 체제 운영
	미추홀구 온마을교육공동체 운영	미추홀구 온마을 교육 특성화	7. 미추홀구 온마을교육 운영
		미추홀구 교육지원센터 구축	8. 미추홀구 온마을교육지원센터 운영

이를 바탕으로 「공교육 혁신」, 「민관교육협력모델 운영」, 「미추홀구 온마을교육공동체 운영」의 3가지 정책 지표로 나누어 5년간의 미추홀구 교육혁신지구의 주요 실적을 살펴보고자 한다.

<표 II-11> 미추홀구 교육혁신지구 사업 주요 실적

정책지표	주요 실적
공교육 혁신	·교육과정 지역화 - 마을연계교육과정 운영 (초중35교) - 교과연계마을학교 시범사업 운영 (초중4교) - 마을교육활동가 연계 수업 (초중14교) - 마술사프로젝트 (초중3교) - 학생 동아리 운영 (중55교, 176팀) - 독서토론논술교육 운영 (초중35교) ·수업력 강화 지원 - 늘배움장학환경 구축 (3교) - 수업협력강사 지원 (초중15교) - 학생상담환경 지원 (초중35교) - 전문적학습공동체 지원 (초중35교) ·모니터링 및 일반화 - 교육혁신지구 사업 설명회 (연1회) - 사업모니터링 및 마을연계교육과정 컨설팅, (초중35교, 연1회 이상) - 한마음축제 및 온마을교육대축제 (연1회) - 운영 결과 보고서 발간 (5회, 8종) - 연구용역 (2회)

	· 교육혁신 역량강화
민관교육 협력모델 운영	- 교육공동체 각종 토론회 및 워크숍 (13회)
	- 교육공동체 연수 (62회)
	- 교육혁신지구 선진지 탐방 (4회)
	· 마을연계형 학교운영위원회 모델 운영 (초4교)
	· 교육협력 네트워크 활성화
	- 운영위원회, 실무협의회 개최 (25회)
	- 온마을교육 대축제 (4회, 320부스, 5,000명)
	- 마을교육공동체 네트워크 워크숍 (2회, 300여명)
	- 혁신교육지방정부협의회 참여 (4회, 정기총회)
온마을교육공동체 운영	· 미추홀구온마을학교 운영 (6,000여명)
	· 마을교육활동가 양성과정 운영 (53회, 85명)
	· 마을자원 검색 시스템 구축 운영 (127개 자원 발굴)
	· 교사 아카데미 및 연구모임 (7회, 210명)

미추홀구 교육혁신지구는 「공교육 혁신」분야에서 교육 혁신을 통한 미추홀구 주민의 공교육 신뢰 및 교육과정 지역화·자율화·적정화를 통한 행복한 학교 실현을 목표로 하였다. 이를 위해 관내 초·중 35교에서 마을 연계 교육과정을 운영하고 있으며 교과 연계 마을학교도 초·중학교 4개교가 시범 운영 중에 있다. 또한 교육과정과 함께 추진될 수 있는 민주적 공동체 성장 프로그램, 마술사 프로젝트 등의 다양한 사업을 계획하여 운영하고 있으며 학생들의 핵심 역량 발현을 위해 2019년 현재까지 학생 동아리 176팀, 독서·토론·논술교육 35개교를 지원하고 있다. 수업력 강화를 위해 2014년 늘배움장 학환경을 구축하였고 2015년에는 초·중학교 15개교에 수업협력강사를 지원하였다. 그밖에 학생상담환경 지원(초·중학교 34개교), 전문적학습공동체 지원(35교)을 꾸준히 실천함으로써 공교육 혁신을 위한 학교 내 기반 조성에 힘쓰고 있다. 이러한 노력은 지속적으로 관내 초·중 35개교를 대상으로 연 1회 이상의 모니터링 및 마을연계교육과정 컨설팅을 실시함으로써 보완되고 있으며 매년 열리는 한마음축제 및 온마을교육대축제와 운영 결과 보고, 만족도 조사 및 성과분석

을 통해 교육혁신지구 사업 성과가 공유되고 있다.

「민관교육 협력모델 운영」분야는 민관 교육협력 거버넌스 정착을 통한 일반자치와 교육자치 연대를 목표로 한다. 교육혁신 역량 강화를 위해 지난 5년간 교육공동체(교장, 교감, 교사, 학부모 등)의 토론회와 워크숍이 13회 개최되어 교육혁신지구의 방향성과 운영에 관한 의견을 공유하였으며 다양한 미추홀구 교육혁신지구의 교육정책이 창출되었고 교육공동체 간 소통의 장으로 활용되었다. 또한 교육공동체 연수(간담회) 및 직무연수가 62회, 혁신지구 선진지 탐방이 4회 추진되어 교육공동체의 교육혁신 역량을 강화하였다. 이를 통해 2019년 현재 교육공동체 안에서 자발적인 연구모임이 생겨나 교사 아카데미 및 연구모임(월 2회, 20명)이 활동하며 교육혁신지구의 민관 교육협력 거버넌스 정착을 위해 애쓰고 있다.

「온마을교육공동체 운영」분야는 미추홀구와의 소통과 협력을 통한 미추홀구 온마을교육공동체 형성 및 운영을 목표로 한다. 이를 위해 2016년 이후 현재까지 관내 초·중학교 6,000여명의 학생들을 대상으로 온마을학교 프로그램을 운영 중에 있고, 온마을교육을 위한 인적·물적 자원을 발굴 및 개발하기 위해 2018년도 이후 마을교육활동가 85명이 양성되었다. 2019년에는 발굴된 마을의 인적, 물적 자원을 체계적으로 관리하고 효과적으로 활용하기 위해 마을자원 검색시스템을 구축하여 운영하고 있으며 미추홀구 진로교육지원센터를 운영하여 마을 자원을 활용해 학교 내외에서 이루어지는 다양한 진로 교육을 지원하고 있다.

III
포커스 그룹 면담 분석

1. 연구방법

가. 연구 참여자 선정

이 연구는 미추홀구 교육혁신지구 운영에 대한 성과를 분석하는 것이 목적이다. 따라서 성과를 평가할 수 있는 대상을 민관학으로 구분하여 대표성 있는 참여자를 선정하였다. <표 III-1>과 같이 마을교육활동가와 학부모 참여자를 '민'으로, 학생과 교원 참여자를 '학'으로, 미추홀구 교육혁신지구를 담당한 경험이 있는 교육청과 미추홀구청의 장학사와 주무관 참여자를 '관'으로 선정하여 면접을 실시하였다.

<표 Ⅲ-1> 포커스 그룹의 구성

영역	그룹	순번	소속	직위
민	그룹1	1	온마디활동가	마을교육활동가
		2	온마디활동가	마을교육활동가
	그룹2	3	초등학교	학부모
		4	중학교	학부모
학	그룹3	5	초등학교	학생
		6	중학교	학생
		7	중학교	학생
		8	중학교	학생
	그룹4	9	초등학교	교원
		10	중학교	교원
관	그룹5	11	인천광역시교육청	장학사
		12	인천광역시교육청	장학사
	그룹6	13	미추홀구청	주무관
		14	미추홀구청	주무관

나. 자료 수집과 분석 방법

그룹별로 포커스 그룹 인터뷰를 각 1회 실시하였고, 반구조화된 질문을 통해 면담을 실시하였다. 면담 내용은 구조화된 항목별로 분류하여 정리하였으며, 무기명으로 기록하였다.

다. 포커스 그룹 질문 내용

면담은 대주제와 소주제로 분류하여 실시하였다. 대주제는 교육혁신지구 운영에 대한 성과와 시즌Ⅱ에 대한 방향 탐색 등 2개 주제였고, 이에 따른 소주제를 각 면담 주제별로 구분하여 실시하였다. 이를 정리하면 <표 Ⅲ-2>와 같다.

대주제	소주제	질문 내용
교육혁신지구 운영 성과	사업평가	미추홀구 교육혁신지구 운영의 성과에 대해 어떻게 생각하십니까?
	성과요인	미추홀구 교육혁신지구 운영을 통해 변화된 것이 있다면 어떤 것이 있습니까?
시즌Ⅱ 방향 탐색	사업에 대한 요구	시즌Ⅱ를 추진한다면 개선해야 할 점과 유지해야 할 점에는 어떤 것이 있다고 생각하십니까?

2. 연구결과

가. 학생 면담 분석결과

1) 사업 성과

미추홀구 교육혁신지구 관내에서 초·중학교를 다니는 학생들에게 사업 성과를 질문하였다. 참여자들은 다양하고 수준 높은 체험활동을 통한 행복감 증진, 마을에 대한 자긍심 및 공동체 의식의 성장을 사업의 주요 성과로 꼽았다.

가) 다양하고 수준 높은 체험활동을 통한 행복감 증진

미추홀구 교육혁신지구 학생들은 교과서 수업으로는 불가능한 다양하고 수준 높은 체험활동을 통해 행복감이 증진되었다고 인식하였다.

< A >

"작년에 '우주인 프로젝트'라고, "우리가 주최한다, 인천에서"라는 프로젝트가 있었어요. 학생들이 미술 시간에 갑문, 차이나타운, 신포시장, 도호부청사 등 우리 인천의 대표적인 곳을 스케치하는 수행평가가 있었는데, 그 수행평가가 끝나고 미술 선생님이 학생들의 작품을 모아 컬러링북을 만들었어요. 그 컬러링북에 어린왕자를 패러디한 동화를 넣어서 학생들한테 한 권씩 나눠주셨어요. 그 동화는 인하대학교 국문과에 다니는 누나가 쓴 거라고 했어요. 저는 그게 가장 기억에 남아요. 애들한테는 생전 신기한 경험이었겠죠? 자기가 만든 그림으로 책이 만들어지고, 어느 샌가 동화책이 되어 있으니까요. 정말 재밌어하고 신기해했어요. 올해는 마술사 프로젝트를 하는데, 작년엔 책으로 남겼다면, 이번에는 마을에 남깁니다. 미술을 배우는 학생이 아니라도 하고 싶으면 다 신청할 수 있어요."

< B >

"4학년 때 학산 에코센터에 반 친구들이랑 갔는데, 여기는 환경에 대한 체험이나 교육도 해주고 환경을 주제로 전시도 하고 그런 곳이에요. 거기서 저희 학교 아이들을 초대해서 환경에 대한 수업을 무료로 해줘서 선생님들이랑 친구들이 되게 흥미롭게 보고. 북극곰이 빙하가 녹아가니까 살지 못 할 수도 있다는 점에서 아이들이 많이 관심을 보였던 것 같아요. 그게 제일 기억에 남아요."

< C >

"영화제작 프로젝트요. 6학년 때 학년 전체가 했거든요. 한 반에 두 편씩 영화를 제작해 가지고 시사회도 했어요. 우리를 도와주려고 실제 영화감독님이 오셨어요. 시나리오는 여름방학 때 계속 썼거든요. 1학기 후반 때부터 2학기 끝날 때까지 꽤 오랫동안 진행된 프로젝트에요. 찍는 건 이틀 동안 했어요. 그 이틀은 1교시부터 6교시까지 다 영화만 촬영했어요. 그렇게 다 촬영하고 감독님께서 편집을 해주셔서 영화제를 했죠. 주안에 있는 독립영화관에서. 저희 조가 학교폭력에 대해서 했는데 제가 시나리오를 썼거든요. 주인공 이름이 귀녀에요. 성이 방이라서 방귀녀. 근데 얘가 방귀를 자꾸 뀌어서 왕따를 당하는데, 이 왕따를 시키는 주동자도 트림을 해서 똑같이 왕따를 당하니까 자기도 깨닫잖아요. 쟤가 힘들었구나…… 그래서 사과하고 좋게 풀리는 이런 영화에요. 학교폭력이 서로 소통이 안 되고 오해해서 생긴 게 많으니까 그런 주제를 재밌게 담으려고 했어요. 상영회 하면서 친구들이 만든 거랑 저희 조 작품 다 보게 되었어요. 창피해서 차마 못 보는 애들도 있었고, '와, 너무 잘한다!', '와! 너무 뿌듯해!' 이런 모습 보이는 애들도 있었고……""

< D >

> "초등학교 때 저희는 승마를 보내줬어요. 학교에서. 그래서 승마를 실제로 20년, 30년씩 하신 분들이 이제 어떻게 하는지, 말 어떻게 다루는지, 다 알려주시고 말한테 먹이도 주고, 되게 새로운 경험을 했어요."
> "저희 동네는 아니지만 인천으로 현장체험학습으로 갔었는데 실감컨텐츠체험관? 거기 가서 VR체험하고 그런 거 하는데 너무 재밌었고, 거기서 AR이나 VR의 차이점이라든가 그런 거 교육도 받고, 재미도 있고, 정말 좋더라고요."

나) 마을에 대한 소속감, 자긍심 및 공동체 의식의 성장

학생들은 교육혁신지구 사업에 참여하면서 미추홀구에 대한 소속감과 자긍심이 높아졌고 공동체 의식도 더욱 높아졌다고 인식하였다.

< A >

> "미술 프로젝트를 함께 하면서 선배랑 후배와 만나 서로 일상적인 이야기도 하고 아이디어도 나누고 그러니까 점점 사이가 좋아져요. 정이 쌓이니까요. 학교 오는 것도 더 즐겁고, 다른 사람들과 어울릴 수 있는 자신감이 생겼다고 할까요?"

< B >

> "저는 학교에서 봉사동아리 활동을 하고 있는데, 성인이 되어서도 우리 동네에서 살면서 환경 쪽에서 쭉 활동하고 싶어요."

< C >

> "저는 인천 전체 학생대표들이 모인 학생대의원회 활동을 하고 있거든요. 그냥 순전히 제 생각일수도 있지만, 거기서 청소년예산이나 교육예산을 어떻게 쓰면 좋을까 정책 제안하고 그런 활동을 하거든요. 그러면 미추홀구 학생들이 그걸 제일 적절하게 잘 해요. 이런 문제가 있는데 그 원인은 이거니까 그걸 해결하려면 이렇게 하면 될 것이다, 이렇게 논리적으로 설명을 잘 하거든요. 미추홀구 학생들은 미추홀구의 문제점이나 친구들이 무엇을 원하는지 잘 아는 것 같아요. 제 생각일 수도 있어요. 아이들이 다양한 경험을 많이 해서 아는 것도 더 많은 것 같고요."

< D >

> "사회 시간에 우리 마을의 장점과 단점을 조사해 와서 신문을 만드는 걸로 수행평가를 한 적이 있었어요. 수행평가니까 애들이 하기 싫어도 하게 되잖아요. 우리 마을에 대해서 알아가는 과정이기도 하고. 일단 내가 살고 있는 곳이니까 내가 아는 것은 당연하죠. 그래야지 다른 지역 사람들 혹은 외국인들에게 우리 마을을 설명할 수도 있고요. 이런 프로그램을 통해서 우리 마을에 대해 더 자세히 알게 되는 거잖아요. 그래서 '아, 우리 마을에 이런 것도 있었구나!' 평상시에는 별것 아니게 생각했던 우리 마을이 특별하게 느껴지는 그런 계기가……"

2) 사업에 대한 요구

미추홀구 교육혁신지구 시즌 I 이 마무리되고 시즌 II 가 추진된다면 어떤 부분을 개선했으면 좋겠는지 질문하였다. 학생들은 교육혁신지구 사업의 계획과 운영에 있어 자신들의 의견을 적극 수용하는 것과 지속적인 프로그램 개발이 필요하다고 하였다.

가) 학생들의 의견 적극 수용

학생들은 교육혁신지구 운영은 근본적으로 학생들을 위한 것이기 때문에 누구보다 학생들의 의견과 요구를 적극 수용해야 한다고 강조하였다.

< A >

> "저는 수업 시간 외에는 미술실에서 사는 편인데, 몇 가지가 불편한 점이 있었어요. 일단 만화를 그리는 친구들에게 꼭 필요한 프린터기가 없어요. 뭘 출력하고 싶으면 선생님들 계시는 다른 교무실에 가서 부탁드려야 해요. 미술실이 5층에 있는데 계속 왔다 갔다 해야 하니까……. 이런 얘기를 해도 잘 개선이 안 되더라고요."

< B >

"작년 2학기 말쯤에 날을 하루 잡아서 5,6,7교시에 전문 강사님이 오셔서 학년 레크레이션을 했어요. 되게 재밌었어요. 반끼리 게임을 한다든가, 아니면 노래 틀어놓고서 그냥 막춤 춘다든가. 수학여행 가면 하는 레크레이션을 평일에 했어요. 근데 그날은 애들이 한 명도 빠짐없이 진짜 재밌게 놀았던 것 같아요. 학교생활에서 그런 게 좀 많이 있으면 좋을 텐데…… 교육프로그램이라고 해서 맨날 뭐 배우고 공부하고만 하지 말고요. 그렇게 신나게 노는 것도 중요해요."

< C >

"현장체험학습 같은 걸 갈 때 대부분 학교에서 지정해 주잖아요. 먼저 학생들에게 어디를 가고 싶냐고 물어본 다음에 거기 후보 중에서 선생님들이 골라도 괜찮을 것 같다는 생각도 들고…… 다른 것들도 마찬가지예요. 우리 학생들을 위한 거니까, 학생들의 의견을 먼저 물은 다음 여러 가지들을 따져서 최종결정 하면 좋겠어요."

< D >

"저는 뭐든 선생님이 약간 잡아놓고 그 안에서 자유로운, 선생님들이 이 만큼만 더 열어줬으면 좋겠어요. 열어달라는 거는 우리에게 자율성을 달라는 거예요. 우리가 의견을 내도 좀 후보에는 놔줬으면 좋겠는데, 처음부터 어렵다, 안 된다 면서 아예 배제하는 것은 좀……."

나) 청소년을 위한 공간 및 지속적인 프로그램 개발

교육혁신지구를 5년간 경험한 학생들은 다음 시즌에도 새롭고 다양한 프로그램을 경험하고 싶어 했다. 따라서 청소년을 위한 공간 및 지속적인 프로그램 개발을 강조했다.

< A >

"가장 개선했으면 좋겠는 것 한 가지만 말하자면, 현장체험학습을 겹치지 않게 여러 곳을 좀 갔으면 좋겠다는 거예요. 맨날 가던 곳만 자꾸 가니까 재미도 없고. 초등학교 때 갔던 데 또 가고, 1학년 때 갔던 데 또 가고, 이런 거죠. 그런 걸 계획할 때도 대충 정하지 말고 학생들이 더 다양하고 새로운 경험을 할 수 있도록 신경 썼으면 좋겠어요."

< B >

> "저는 사람들과 대화할 때 자연스럽게 주제에 대해 좋은 근거를 들어서 설득할
> 수 있는 능력, 다른 사람들과 어울리는 능력이 중요한 것이라고 생각해요. 그래
> 서 여러 사람들 앞에서 자기 생각을 얘기해보고 경험에 대해 발표해 볼 수 있는
> 그런 프로그램이 많았으면 좋겠어요."

< C >

> "저희 동네가 솔직히 조금 오래되고 낡았다고 생각하거든요. 송도나 청라 같은
> 신도시에 가면은 현대적인 게 많잖아요. 아까 말한 실감콘텐츠체험관 같은 그런
> 시설이 여러 군데 생겼으면 좋겠어요. 첨단기술을 체험해 볼 수 있는 센터요.
> 또 솔직히 어디를 돌아다녀도 다 비슷하잖아요. pc방, 노래방, 방탈출 카페 그런
> 곳 말고, 평소에 아무데서나 쉽게 해볼 수 없었던 그런 새로운 거, 뭔가 안 해봤
> 을 법한 거. 그런 신선한 것이 있으면 좋겠죠. 그러면 다른 동네에서도 그걸 체
> 험하려고 많이 올 것 같아요."

< D >

> "아무래도 어린 학생이니까. 돈을 버는 나이는 아니잖아요? 그러니까 적은 가
> 격에 친구들끼리 즐길 수 있는 그런 청소년 전용 공간이 있으면 좋을 거 같아
> 요. 무료로 해주면 더 좋고요. 예를 들면 작은 초콜릿을 만드는 공방이라든가,
> 아니면 뭐 친구들끼리 그냥 앉아서 얘기하는 룸카페 같은 그런 곳? 지금은 우
> 리 청소년들을 위한 공간이 너무 적어요."

나. 학부모 면담 분석결과

1) 사업 성과

미추홀구 교육혁신지구에서 자녀를 키우는 학부모들에게 사업 성과
를 질문하였다. 참여자들은 학부모의 성장과 학교교육 참여 확대, 지
역교육만족도 상승, 마을공동체의식 형성을 사업의 성과로 꼽았다.

가) 학부모의 성장과 학교교육 참여 확대

미추홀구 교육혁신지구 학부모들은 교육혁신지구 사업을 통해 마

을 교육공동체의 주체로서 학부모의 의식이 성장하고 학교교육에도 더 관심을 가지고 참여하게 되었다고 인식하였다.

<A>

"제 아이가 저학년일 때 그때는 여기가 교육혁신지구가 아니었거든요. 그때 학부모가 학교에 들어가는 건 청소해주러, 그리고 체육대회 때 도우미 해주러. 그게 다였어요. 근데 혁신지구가 되고 나서는 학교에서 학부모회에 자꾸 물어보기 시작하더라고요. 뭘 원하냐? 어떤 걸 해줬으면 좋겠느냐? 아무래도 학부모가 지역을 잘 알고, 아이들이 원하는 것도 잘 아니까요. 이런 변화가 저는 정말 큰 것이라고 생각해요. 그걸 계기로 학부모들도 학교교육에 대해 더욱 깊이 있는 논의를 하게 되니까요."

<B>

"저 같은 학부모가 학교에 뭔가를 요구하려면 굉장한 부담감을 무릅써야 해요. 학교 입장이나 선생님들에게는 학부모의 참여가 때로는 귀찮은 간섭이나 민원이 되는 것 같기도 하고……. 교육혁신지구가 되면서 학부모에게 학교 문이 조금 더 넓어진 건 사실이죠."

나) 지역교육만족도 상승

미추홀구 교육혁신지구 학부모들은 교육혁신지구 사업 덕분에 학생들을 위한 다양하고 질 높은 프로그램들이 생겨나 지역교육만족도가 높아졌다고 인식하였다.

< A >

"저희 아이 담임 선생님은 최근에 미추홀구 관내에 있는 은율탈춤 전수자 선생님들을 학교로 모셔서 탈도 만들어보고 공연도 감상하고, 아이들이 간단한 탈춤도 만들어 스스로 공연도 하는 수업을 하셨더라고요. 교육혁신지구가 아니었으면 선생님들이 교육과정에 이런 프로그램들을 집어넣으실 생각을 하셨을까? 우리 마을의 이런저런 시설이나 인물이나 단체에 관심을 가지셨을까? 무엇보다도 이렇게 좋은 강사님들을 모셔서 이렇게 재미난 프로그램을 할 수 있도록 예산을 지원받을 수 있었을까? 여러 가지 생각을 하게 했죠. 교육혁신지구의 가장 큰 장점은 분명 우리 아이들에게 더 풍부하고 다양한 경험을 제공해줄 수 있다, 그거죠."

"미추홀구가 혁신지구가 된 다음부터 아이들이 방과후나 방학 때 놀 곳, 배울 곳이 많아졌어요. 일단 온마을학교가 생겼잖아요. 우리 아이도 2016년부터 온마을학교 프로그램에 참여하기 시작했어요. 2016년도에는 미술 프로그램에 참여했었는데, 용현동 일대를 다니면서 벽화를 그리기도 하고, 뭔가 조몰락조몰락 만들어서 플리마켓에서 판매도 하고, 아이가 너무나 즐거워했죠. 2017년도에는 뮤지컬 프로그램에 참여했는데, 프로그램 끝날 때 학산 소극장에서 공연을 했어요. 그걸 위해서 아이들이 직접 대본을 쓰고, 역할 분담이나 연기에 대한 것도 아이들이 스스로 다 해요. 선생님들은 아이들을 지켜보시다가 아이들끼리 다툼이 있거나, 대본, 연기 같은 걸 약간 수정해주는 식이죠. 그러다보니 처음부터 끝까지 자신들이 이뤄냈다는 자신감이 생기는 것 같더라고요. 아이들은 욕구나 재능이 다양하잖아요? 학교에서 그걸 다 채워주지 못하니까…….우리 미추홀구가 온마을학교를 만든 건 진짜 굉장한 메리트가 됐죠. 다른 구에서 정말 부러워해요."

< B >

"큰아이가 중학교 때 기타동아리 지원을 받아 열심히 활동했는데, 그 3년 동안 아이가 여러 선후배와 함께 어울리고 친구를 배려하는 법을 배우더라고요. 집에서 봤을 때는 다소 이기적인 면이 있다고 생각했는데, 친구들을 도와주려고 하고 선생님이나 친구 등 다른 사람의 입장에서 다시 생각해 보려고 하고. 큰아이도 자신의 그런 변화가 스스로 놀랍다고 말해요."

"학교 수업도 많이 바뀐 것 같아요. 예를 들어 민주시민교육, 환경교육 같은 걸 교과서로 배우는 게 아니고, 학교 밖 마을강사님들이 들어오셔서 체험이나 활동 중심의 프로그램을 해주신다는 거예요."

"자유학년 프로그램들의 질이 다른 구에 비해 워낙 높아요. 그게 학교와 아이들을 정말 많이 바꿔놓았어요. 일단 아이들이 밝아졌어요. 적극적이라고 해야 하나? 학부모들도 아이들과 대화할 주제가 생기고 공유할 거리가 생긴 거예요. 솔직히 그전엔 "숙제 다 했어? 학원은?" 그런 게 다였죠. 이제는 동아리 활동이나 외부 프로그램들을 가지고 대화할 수 있게 되었어요."

다) 마을 공동체의식 형성

교육혁신지구 학부모들은 교육혁신지구 운영이 학생과 학부모뿐만 아니라 지역주민 전체의 공동체의식 형성에 영향을 주었다고 언급하였다.

< A >

"다들 아파트, 빌라에서 다닥다닥 붙어살면서도 인사도 안 하고 지냈잖아요? 그런데 교육혁신지구가 되면서 학부모들도 우리 동네에서 아이들을 위해 이런 걸 한 번 해보자 하면서 의기투합하게 됐고, 같이 배우고, 같이 고민하고, 같이 판을 벌려보고 하면서 뭔가 함께 하는 기쁨 같은 걸 알게 된 거죠. 아이들도 마찬가지예요. 저희 놀이반 아이들이랑 비누를 만들어서 동네 어르신들을 드리고 인사를 하러 다녔어요. 저희가 너무 막 돌아다니면서 시끄럽게 떠들고 그러니까 어르신들께 죄송해서요. 그런데 어르신들이 우리 아이들을 너무 예쁘게 봐주시는 거예요. 그래서 아이들도 인사를 정말 잘 해요. 이게 살아있는 교육이죠. 저희 놀이반 아이들이 자주 가는 근처 놀이터가 있는데, 한 번은 제가 쓰레기봉투를 들고 나가서 쓰레기를 주웠어요. 거기서 놀고 있던 아이들이 와서 왜 쓰레기를 치우느냐고 묻기에, "우리가 사용하니까 우리가 청소하는 거야, 그래야 또 깨끗한 환경에서 놀 수 있지." 했어요. 근데 아이들이 시키지도 않았는데 그 다음부턴 쓰레기를 정말 깨끗하게 치우는 거예요. 저 밑에 있는 어르신들 정자 있는 데까지 땀을 삐질 삐질 흘리면서까지 정말 열심히 치웠어요. 아이들도, 학부모들도, 동네 어르신들께도 공동체의식이라고 해야 하나? 그런 게 심어진 거죠."

< B >

"온마을학교를 통해 같은 학교 학생들뿐 아니라 미추홀구 관내의 다양한 친구들이 모여 놀고 배우니까 자연스레 '우리는 미추홀구'라는 공동체의식이 생겨나는 거예요. 우물 안 개구리였던 아이들이 다양한 경험을 하며 시야도 넓어지고요. "너희 동네는 그런 것도 있구나, 그럼 우리 동네는?" 이런 식의 대화를 나누면서 마을에 대해 더욱 관심을 가지게 됐어요. 또, 아이들은 다 다르잖아요. 온마을학교에서는 아이들이 신기하게 그 다양성을 쉽게 배워요. 친구들의 장점을 알아봐주고 인정해주고, 경쟁할 필요 없이 서로 어울려요. 어떨 때는 "저 애는 저걸 잘하고, 나는 이걸 잘하니까, 우리 둘이 이런 걸 해보면 좋겠어."라고 깜짝 놀랄 만한 콜라보레이션을 제안하기도 해요."

2) 사업에 대한 요구

미추홀구 교육혁신지구 시즌Ⅰ이 만료되고 시즌Ⅱ가 추진된다면 어떤 부분에 주안점을 두어야 하는지 질문하였다. 참여자들은 교육혁신지구 사업에 대한 홍보 강화와 미추홀구만의 특화된 프로그램 개발, 민-관-학의 적극적인 소통과 협력이 필요하다고 하였다.

가) 교육혁신지구 사업에 대한 홍보 강화

교육혁신지구 학부모들은 교육혁신지구 사업에 대한 홍보를 강화하는 것이 교육혁신지구 성공의 중요 요인이라고 언급하였다.

< A >

"교육혁신지구 사업에 대한 홍보가 적극적으로 이루어진다면, 더 많은 교육프로그램과 다양한 의견들이 나올 것 같아요. 지금은 소수의 활동가들이 움직이고 있거든요. 생각도 한정적일 수밖에 없어요. 더 많이 홍보해서 학부모들과 주민들이 더 많이 참여할 수 있는 기회를 주시면 좋겠어요."

< B >

"교육청에서는 학교로 찾아가 맞춤식 교육과 홍보를 하고, 구청에서는 동마다 찾아가서 적극 알리고 참여를 유도해야죠. 그런 시스템을 갖췄으면 좋겠어요. 그리고 말이 나와서 하는 말인데, 요즘 애들 가정통신문을 집에다 안 가져다줘요. 또 학생이 없는 집은 정보를 알 수가 없잖아요? 홍보를 학교 가정통신문으로 하는 것보다는 주민센터에서 맡는 게 훨씬 효과적이라고 생각해요. 구청에서 적극적으로 주민센터를 찾아가야 돼요. 주민센터는 그 동네에 어떤 단체들이 있고 어떤 자원이 있는지 다 알고 있거든요. 그러면 홍보도 되지만, 또 다른 마을 교육자원을 발굴할 수도 있어요."

나) 미추홀구만의 특화된 프로그램 개발

교육혁신지구 학부모들은 학교를 중심으로 미추홀구만의 특화된 교육프로그램을 적극 개발하여 학생들에게 우리 지역에 대한 자부심을 심어줄 수 있어야 한다고 강조하였다.

< A >

"우리 미추홀구는 다른 지역과는 다른 특색이 있어요. 역사적인 유물도 많고 다른 지역에 없는 것들이 많아요. 우리 미추홀구가 가진 지역적인 자산이 정말 많은데, 실제로 학교의 마을연계프로그램을 보면 그런 것들이 대체로 잘 반영되지 못했어요. 내년에 다시 교육혁신지구로 선정되면 그 점에 더욱 신경을 써서, 우리 아이들이 인천 시민으로서, 미추홀구 주민으로서, 또한 내가 다니는 학교에 자부심을 가지고 다닐 수 있도록 해줘야 한다고 생각해요."

< B >

"아이들을 학교에 오래 보내는 학부모의 입장에서 보면 너무 안타까운 게, 우리 아이가 이 학교를 다니는 동안 이런 특징적인 활동을 꾸준히 해서 성장했다는 그런 내세울 거리가 있었으면 좋겠는데, 그런 게 없는 거죠."

다) 민-관-학의 적극적인 소통과 협력

교육혁신지구 학부모들은 민-관-학 협력의 중요성을 인식하고 교육혁신지구 내의 다양한 교육주체들 간의 적극적인 소통과 역할 분담이 이루어져야 한다고 강조하였다.

< A >

"교육혁신지구는 민-관-학 협의체가 중요하잖아요? 그런데 학교에서 학부모들과 터놓고 협의하는 문화가 거의 없잖아요. 일상적으로 운영되는 협의체가 필요해요. 교육청에서 교육혁신지구 사업 설명회나 연수를 할 때도 학부모와 교사를 구분하지 말고 함께 교육하고 터놓고 협의했으면 좋겠어요."
"교육혁신지구 사업 프로그램은 그걸 원하는 사람들 스스로 짜게 했으면 좋겠어요. 담당공무원이 아니라. 주체를 세워서 그 사람들이 이끌어 갈 수 있게끔 역량을 키워주고 지원해줘야 돼요. 아직까지는 공무원에 대한 의존도가 높긴 하지만, 이제는 5년 해봤잖아요? 학부모, 지역주민, 학생이 주체가 되어야지, 공무원에게 계속 의존해서는 안 돼요."

< B >

"저는 돌봄에 대해서 학교에 너무 많은 부담을 지우는 게 아닌가 생각을 해요. 학교는 교육을 위한 공간이지, 돌봄을 위한 공간은 아니라고 생각해요. 왜냐 하면, 돌봄을 이유로 교사에게 너무 많은 짐을 지우니까 교사들이 수업이나 아이들한테 집중을 못하잖아요. 학교는 장소만 제공해주고, 돌봄의 주체는 구청이나 학부모, 지역단체들에게 맡겼다면, 이 돌봄에 대해 지역의 고민도 더욱 깊어졌을 것이고 더 활성화되지 않았을까…… 동네에서 쉽게 갈 수 있는 학교들이, 공간에 여유가 있는 학교들이 과감히 교실을 열어주고, 지역민들이 주체가 되어 우리 아이들이 좋아할 만한 프로그램들을 마련하면 학교도 돌봄 부담을 줄일 수 있고, 지역은 지역대로 성장하죠. 말하자면 역할 분담인데……."

다. 마을교육활동가 면담 분석 결과

1) 사업 성과

미추홀구 교육혁신지구에서 마을교육활동가로서 온마을학교에 참여하고 있는 주민들에게 사업 성과를 질문하였다. 마을교육활동가 양성 시스템이 잘 정착된 점, 혁신적인 온마을학교의 운영, 마을에 대한 주민들의 애착과 정주의식 향상을 주된 성과로 강조하였다.

가) 마을활동가 양성 시스템 정착

마을교육활동가들은 미추홀구 교육혁신지구의 마을교육활동가(온마디활동가) 양성과정의 취지나 내용을 잘 이해하고 있으며, 그에 대한 만족도가 높았다. 마을교육활동가들이 지속적으로 활동할 수 있도록 지원해 주는 점도 혁신적이라고 평가하였다. 마을교육활동가 양성 시스템과 관련해서 미추홀구청의 온마을교육공동체와 남부교육청의 역할을 높이 평가하였다.

< A >

"올해 온마디활동가 과정만 14회였고, 마실도 12회, 총 26회에 걸쳐 긴 교육을 받았는데 정말 가치 있었어요. 양성과정은 일방적인 강의가 아니었어요. 단순히 이론적인 것은 활동가에 어울리지 않죠. 교육이라고 해서 받으러 갔지만 사실 저희가 직접 교육을 만드는 것이에요. 이걸 다른 분들께 더 알려야겠다. 빨리 활동가로 활동하고 싶다는 마음이 들었어요."

"강사 양성과정은 저걸 들으면 일자리가 생기는 것처럼 생각하거든요. '마을활동가'는 이름부터 그렇지 않아요. '활동가'라고 하니까 어떤 활동을 하게 될까 고민하는 분들이 오시는 것 같아요. 실제로 이 교육 후의 과정이 그렇게 이어지기 때문에 일자리보다는 '정말 이 마을을 어떻게 활성화할 수 있을까?' 고민하는 것 같아요."

"활동가들은 따로 대표가 없어요. 그렇기 때문에 누구나 편하게 얘기를 하고 공감을 얻을 수 있어요. 팽팽한 점조직이 확장하는 거지 위로 올라가는 것은 아니잖아요. 우리는 이미 주인으로서 하고 싶은 얘기를 당당하게 할 수 있고 함께 모여 활동할 준비가 되어 있는 사람들이에요."

< B >

"성공사례는 담임 제도예요. 강사들이 활동가들을 팀으로 움직이게 해요. 강사님들도 상호작용이 되는 멤버들로 꾸려져서 눈높이를 너무 잘 맞춰주시고, 앞에서만 얘기하지 않고 권위적이지 않으며 '완전히 이 시스템에 체화되어 계시구나!' 이런 생각을 해요."

"미추홀구는 활동가들의 학습 동아리가 잘 조직되어 있어요. 한 활동가가 여러 동아리에 속해있죠. 바쁨에도 불구하고 계속 모여 새로운 것들을 찾도록 서로 도와줘요. 사진도 찍고, 인터뷰도 하고, 신랄하게 비판하기도 하고, 구청에서 필요로 하면 스케줄이 있어도 가서 얘기도 하고, 봉사도 해요."

"올 초에는 교육청에서 활동가 홍보 및 체험부스를 열어주셨거든요. 명함을 받아 가거나 그 자리에서 신청할 수 있게. 민주적 공동체 성장 프로그램을 통해 활동가들이 안정적으로 학교 교육에 참여할 수 있는 길을 열어주셨어요."

나) 혁신적인 온마을학교의 운영

마을교육활동가들은 미추홀구 교육혁신지구 사업의 가장 큰 성과 중 하나로 온마을학교 운영을 꼽았다. 온마을학교는 학생과 학부모들에게는 학교가 채워주지 못하는 즐거운 체험교육의 장이고, 마을교육활동가들에게는 주요 활동 공간이자 활동가 네트워크의 중심이 된다고 평가하였다.

< A >

"미추홀구는 타지역에 비해서 공유 공간이 오픈되어 있는 편이라고 생각이 들었어요. 미추홀구 온마을교육공동체 홈페이지를 따로 운영하고 있어요. 지역 주민들, 학교, 많은 활동가들이 홈페이지를 통해 정보를 얻고 나눔 활동을 이어갑니다."

"당장 나에게 일자리를 주지 않아도, 마을 사람들을 알게 해주고 이 마을 안에서 무슨 일을 해야 할지 고민하게 해줘요. 그래서 이탈자가 없는 것 같아요. 여러 활동가들을 만날 수 있고 이야기를 나눌 수 있고, 철학을 공유하는 자체가 즐거운 과정이에요. 지루하지 않거든요. 우리가 함께 하는 토론 과정 자체를 교육과정으로 만들어도 좋을 것 같아요. '너희라면 마을을 어떻게 설명할래?' 이 콘텐츠 자체가 아이들에게 좋다는 생각이 들어요."

< B >

"활동가로서 많은 오리엔테이션과 모니터링을 받고 있어요. '우리 아이를 (온마을학교에) 맡겼는데 어떻게 활동하고 있을까?'마을 주민들이 눈으로 이 결과를 확인할 수 있죠. 서로 피드백을 겁내지 않고 활동가들끼리 자발적으로 컨설팅을 받아요. 온마을학교 자체도 사전에 담당자, 팀장님, 주무관님, 오리엔테이션 담당자, 모니터링단이 계속해서 점검을 다 하세요. 같은 활동가끼리 확인하고 SNS에 교육 내용을 다 올려요. 자연스럽게 네트워크가 형성되죠. 그게 가장 혁신적인 부분인 것 같아요. 마을을 교육하면서 이미 우리 안에서 하나의 마을이 형성되어 있고 그게 가장 큰 가치인 것 같아요."

다) 마을에 대한 애정, 정주의식, 공동체 의식의 향상

참여자들은 마을교육활동가로 활동하면서 지역에 대한 애착심과 공동체 의식이 매우 높아졌다고 언급했다. 또한 일반 주민들도 교육혁신지구 사업을 통해 지역에 대한 긍정적 인식을 가지게 되었다고 강조했다.

< A >

"진짜 미추홀구를 좋아하게 됐어요. 마을에서 가장 중요한 건 사람인 것 같아요. 내가 여기 살고 있다고 해서 마을처럼 느껴지지는 않거든요. 저는 미추홀 구민의 날 이런 거 관심 없었거든요. '거기에는 뭐가 있을까? 거기로 음식 먹으러 가자.' 먼저 경험을 한 사람들이 이끌어 주면서 마을이 확장되는 것 같아서 저는 미추홀구가 재미있어요."

"저는 우리 지역에 살고 있지만 주민이라고 생각하지 못했는데, 사람들을 만나면서 '사회적 협동조합을 만들고 싶다.'는 생각을 해요. 마을 속으로 들어가서 기획단처럼 다양한 사람, 다양한 형식, 조화로운 삶, 그런 이상을 실현하고 싶어요."

"혁신지구 사업으로 이곳이 소외되고 낙후되었다는 느낌을 더 이상 주지 않기를 바라요. 그리고 그 역할을 충분히 하고 있다고 생각해요. 미추홀구에서는 적어도 우리가 이 안에 사는 것만으로 즐겁고 행복한, '살아보니 참 괜찮다.'는 느낌을 들게 하고 있다고 생각해요."

< B >

"우리는 마을을 재미있는 곳으로 만들기 위해 헌신적인 노력을 하고 있고, 많은 부모님들이 일에 집중할 때 아이들은 다양한 콘텐츠를 제공받고 있다고 생각해요. 미추홀구는 우리를 위해서 이만큼 노력하고 있고, 우리가 원한다면 언제든 참여할 수 있다는 생각, 그것이 교육혁신지구의 가치인 것 같아요."

"부모님 오리엔테이션 효과가 커요. 마을이 무엇인지, 마을의 자산과 선생님, 주민들과 어울리는 방법 등을 알려드리면 이 사업을 더 잘 이해해 주시는 거예요. 그냥 무료니까 자녀 교육을 신청했다가 이런 설명을 들으면 '내가 미추홀구 주민이기 때문에 받는 혜택이구나!' 느끼거든요. 그거 하나만으로도 마을에 대한 애착이 생기는 거예요."

2) 사업에 대한 요구

미추홀구 교육혁신지구 시즌Ⅱ의 성공적인 운영을 위해 개선해야 할 부분이 있는지 질문하였다. 온마을학교 운영 개선과 지역-학교의 연계 시스템 구축, 민관학 거버넌스의 적극적인 소통과 협력이 필요하다고 하였다.

가) 온마을학교 운영 개선

미추홀구 교육혁신지구의 가장 큰 성과라고 할 수 있는 온마을학교의 내실 있는 운영을 위해 다양한 개선책을 제시하였다. 활동비(강사비) 현실화, 행정 인력의 보강 및 시스템 정착, 충분한 예산 지원, 온마을학교 참여 단체의 진정성 확보, 선택 활동 보장을 위한 홍보 활동 등 다양한 의견이 제시되었다.

< A >

"강사비는 조금 높아야 되지 않을까 생각이 들어요. 활동가들이 자부담을 하기도 하거든요. 그럼에도 불구하고 활동가는 매력적이라고 봐요. 활동가로서 나도 성장하고 아이들의 모습을 보면서 보람을 느끼니까'내년에는 좀 더 재미있는 것을 해보자!'라고 궁리하게 되는 것이죠. 진짜 봉사의 마음이 커요."
"혁신지구에서 행정을 하는 모든 분들이 활동가의 마인드로 저희와 함께 해 주세요. 하지만 활동량에 비해 업무지원 인력은 많이 모자란 것 같습니다. 현재 담당자들이 계속 이 업무를 할 수는 없잖아요. 구청, 교육청 관계자들의 업무가 시스템적으로 안정화되어야 한다는 생각이 들어요."

< B >

"단체나 규모를 조금 줄이더라도 예산을 더 넉넉하게 주셨으면 좋겠어요. 다른 교육청이나 지역구에서도 마을교육활동가를 양성하고 있지만 미추홀구만이 할 수 있는 특수한 교육들이 있어요. 여기는 정말 마을을 생각하거든요. 이 교육을 운영하는 예산만큼은 충분히 배정되어야 한다고 생각해요."
"온마을학교를 심사할 때, 제안서 선정 과정에서'미추홀구는 이런 취지로 사업을 하고 있고, 어떻게 마을 교육을 진행하고 있다.'라는 사전 교육을 했으면 좋겠어요. 혁신지구 사업으로서의 방향성, 마을 교육의 취지를 정확하게 알고 온마을학교를 운영했으면 좋겠어요. 혁신지구 사업 자체가 좀 더 깊어지고 넓어질 것이라 기대합니다."
"온마을학교는 지역 주민들, 학교의 활동 선택으로 이루어집니다. 아직 많은 분들이 잘 모르고 계세요. 모두가 혜택받지 못하더라도'우리 지역과 활동가들이 아이들을 위해 이만큼 노력하고 있다.'고 좀 더 적극적으로 알려야 한다고 생각해요. 홍보를 위해 예산을 조금 사용하면 어떨까요?"

나) 지역·학교의 협업 시스템 구축 및 모니터링 강화

마을교육공동체의 취지에 맞게, 서로 부족한 부분을 보완할 수 있도록 지역과 학교, 마을활동가와 교사가 자주 만나고, 협업 및 모니터링 할 수 있는 시스템이 필요하다고 하였다.

< A >

"저희는 학교 선생님들과 다른 영역으로 생각해 주시면 좋겠어요. 선생님은 담임도 맡고 정규적인 커리큘럼을 운영하는데 이는 마을 강사가 절대 대체할 수 없거든요. 반대로 학교 선생님들께서 마을까지 자세히 알려 주시기는 어려워요. 정규교육과정에 없는 내용이기도 하고 지역주민이 아닌 선생님들이 하시기에 벅찬 부분이 있을 거라고 생각해요."
"활동가라는 이름으로 마을 주민들이 참여하고 있지만 아이들도 활동가거든요. 선생님들 중에도 분명히 마을활동가 역할을 하는 선생님이 계세요. 다양한 계층이 함께하는 활동가들의 모임도 있었으면 좋겠어요. 교육도 중요하지만 지속적인 모임, 사례 공유가 매우 중요한 것 같아요."
"마을 관련해서 선생님들이 다양한 연수 받으시잖아요. 몇 자리 정도는 활동가들에게 열어주셨으면 해요. 저희도 교육과정을 계획하다 보면 교과와 연계되는 내용도 있고, 아이들의 눈높이를 맞춰야 하는 경우도 많아요. 사실은 그게 좀 어렵거든요. 우리가 만든 교육과정과 수업안을 교사와 함께 협의할 수 있는 기회가 필요해요."

< B >

"마을강사의 커리큘럼은 좀 조심스럽게 짜야 할 것 같아요. '미추홀구에 사는 학부모들이 함께 하는구나!'이렇게 바라봐 주셨으면 좋겠어요. '저분들이 우리 마을을 어떻게 얘기할까, 얼마나 재미있게 설명할까?'활동가는 학교의 선생님이 아니고 우리 지역의 학부형이기도 하니까 마을로서의 영역을 구분해서 존중해 주었으면 좋겠어요."
"민주적 공동체 성장 프로그램 같은 양질의 콘텐츠를 교육청 운영 지원하고 있는데, 그 외에도 마을을 위한 다양한 콘텐츠가 많았으면 좋겠어요. 미추홀구는 분명히 미추홀구만의 콘텐츠가 있어요. 마을에 대해 설명하기, 마을을 직접 방문하기, 마을을 아름답게 꾸미거나 정화하기, 교실 안에서 마을 알기 등 다양한 마을교육 콘텐츠를 연구하고 있어요. 예산과 인력, 학교 연계 등 많은 지원이 있었으면 좋겠어요."

다) 민-관-학의 적극적인 소통과 협력

시즌 I 의 가장 취약했던 부분인 민관학 거버넌스의 활성화가 전제되어야 한다고 하였으며, 혁신지구 운영을 위한 각 주체의 역할 제고가 필요하다고 하였다. 특히 마을활동가로서 주민 참여예산 제도에 대한 관심, 각종 콘텐츠 기획 반영, 축제 활성화 등 주민들의 참여 확대 방안도 언급하였다.

< A >

"민관학 거버넌스가 잘 이루어지고 있다고 확신하기는 어렵지만 관심은 많아요. 작년 토론회에서도 많은 얘기가 오갔거든요. 동장님이 동사무실을 아이들을 위해 내주고 싶다고 하셨고 담당 직원과 인근의 학교운영위원장님이 그 자리에서 바로 협의하더라고요. 주인 의식이 있어야 재미있잖아요. 각종 토론회나 포럼이 있다면 이것도 알리는 기간을 충분히 주면 좋겠어요. 홍보효과도 있고 관심도 더 모아지지 않을까 합니다."

"주민 참여 예산 제도 같은 경우, 예산 편성과 사업의 우선순위를 정할 때 지역 주민의 적극적인 참여가 필요해요. 마을에 관심이 많은 저희가 참여할 기회가 많았으면 좋겠어요. 이제는 활동가의 역할에서 마을로 더 들어가야 하지 않을까라는 생각을 해요. 도움을 필요로 하는 사람들, 그들의 삶 자체에 뛰어들어야겠다는 생각, 자연스럽게 다가가는 방법을 실천했으면 좋겠어요."

< B >

"추진하고 싶은 목표가 있을 때 다양한 계층이 모여서 의견을 내고 우선순위를 정하는 것, 한 번에 추진할 수 없는 것들을 단계적으로 방향성을 잡아가는 게 거버넌스가 아닐까요? 시즌 II 에서는 민관학 거버넌스가 더욱 활성화되지 않을까 기대해 봅니다."

"타 구청이랑은 다르게 홈페이지 운영하며 온라인 공유 공간을 오픈하고 있지만 실질적인 공간의 공유 측면에서는 협조적이지 않은 것 같아요. 혁신지구에 대한 홍보를 계속해서 미추홀구에서 진행하고 있는 좋은 취지의 사업을 더 많은 공간에서 활성화할 수 있었으면 좋겠어요."

"한두 명이 가진 특별한 능력으로 혁신지구가 운영되는 것은 아닙니다. 시스템이 견고해야죠. 행정 담당자들이 한꺼번에 바뀐다면 시스템 유지가 어려울 것 같아요. 지금도 지원이 충분하지는 않거든요. 활동가는 행정가와 긴밀한 유대감이 있습니다. 별도의 절차가 있겠지만 모든 것들이 한 번에 바뀌지 않았으면 좋겠어요. 마찬가지로 학교 선생님들께서 업무 부담이 안 되는 다양한 정책도 있었으면 좋겠습니다."

라. 교사 면담 분석 결과

1) 사업 성과

미추홀구 교육혁신지구 사업으로 인해 실제 학교에서 어떤 변화와 성과가 있었는지를 질문하였다. 지역 자원의 적극적인 발굴 및 활용으로 학교와 마을의 연계 강화, 마을연계교육과정 운영에 따른 교육과정 내실화, 공교육혁신에 대한 교사의 긍정적 인식과 전문성 향상 등을 사업의 주요 성과로 언급하였다.

가) 지역 자원의 적극적인 발굴 및 활용으로 학교와 마을의 연계 강화

참여자들은 미추홀구 교육혁신지구 내의 초·중학교들이 지역 연계 교육을 위한 인적·물적 자원을 풍부하게 공유하고 있다고 인식하였다. 특히, 마을활동가와 직접 연계 가능한 미추홀구청의 『미추홀구 온마을교육공동체』홈페이지나, 남부교육청의 학교-마을 연계 사업이 큰 도움이 되었다고 하였다.

< A >

"해가 거듭될수록 자원에 대한 정보는 많이 공유되고 있는 것 같아요. 체험학습도 많이 가고 강사도 많이 활용해요. 다만 프로젝트 수업을 진행하다 보니 이제 1회성 자원 활용보다는 프로그램 쪽으로 접근하는 것 같아요. 그런 면에서 미추홀구 온마을교육공동체 홈페이지를 잘 활용하고 있습니다."
"교육혁신지구 사업을 하지 않았다면 마을 자원을 활용하는 마을연계교육과정을 위해 누가 노력을 했을까? 그냥'우리 마을에 산이 있구나!', '이런 센터가 있네.'이렇게 생각하고 지나쳤을 것을 혁신지구 사업과 접목을 했기 때문에 그 자원의 소중함, 지역에 대한 애착을 느끼는 것 같아요. 관 대 관으로서 연계일 수도 있고 자연환경과 인간의 대면일 수도 있죠. 인적, 물적 자원을 활용하려는 노력이 지속되었고 앞으로도 더 활용도가 높아질 것이라고 생각해요."

<B>

"중학교에서 학생들을 30명씩 외부로 자주 체험을 가는 것은 한계가 있어요. 안전 문제도 있고 고려해야 할 것들이 많거든요. 선생님들께서는 마을 강사님들이 오시는 것을 가장 선호합니다. 올해는 마을과 연계한 민주적 공동체 성장 프로그램을 신청해서 선정되었는데 만족도가 매우 높았어요. 예산을 남부교육청에서 집행해 주니까 학교에서는 프로그램만 운영하게 되어 수월했습니다."

나) 마을연계교육과정 운영에 따른 교육과정 내실화

미추홀구 교육혁신지구는 사업 초창기부터 마을연계교육과정 운영을 의무화하고 컨설팅과 지원을 꾸준히 해왔다. 그 결과 초등학교 전 학년과 자유학기제를 실시하는 중학교 1학년은 학기별 1회 이상 마을연계교육과정을 필수로 운영하고 있으며, 중학교 2~3학년과 동아리는 선택적으로 운영하고 있다고 답하였다. 마을연계교육과정을 프로젝트 형식으로 운영하기 위해 교사들은 적극적으로 교육과정 재구성하였고, 이를 통해 교육과정을 더욱 내실화할 수 있었다고 답했다.

<A>

"교육청에서 실시한 혁신지구 사업설명회가 끝나면 2월에는 학년별로 굵직한 프로젝트 주제가 다 나와요. 학년에서 교육과정과 연계해서 재구성해야 할 것들을 미리 정하죠. 구체적인 계획은 활동 3~4주 전에 나오는데 창체(진로, 동아리), 교과 등 학년마다 구성은 달라요. 마을연계교육과정이 1회성에 그치지 않고 매년 진행하다 보니, 이제는 모든 학년에서 당연히 해야 할 일로 여기는 것 같아요. 좋은 강사나 체험활동 장소를 보면 어떻게 우리 교육과정에 반영해 볼까 생각하게 되더라고요."
"혁신지구 사업이 이제 5년째 접어들면서 마을과 연계한 교육과정 운영이 꽤 활성화된 것 같아요. 연경산, 에코센터, 신기시장, 인하대 등 다양하고 풍부한 마을 자원이 인근에 있다 보니 자원과 연계한 교육과정을 학년별로 편성 운영하고 있어요."

< B >

> "중학교는 자유학기제를 운영하기 때문에 1학년 위주로 마을연계교육과정을 운영하고 2~3학년은 교과, 학급, 동아리 등 소규모 프로젝트성의 활동을 하고 있습니다. 학년별로 생활지도와 연계한 콜라보, 예를 들어 텃밭 가꾸기와 봉사활동을 연계하는 식이죠, 영어신문 만들기, 맛집 지도 그리기 등 소규모 프로젝트를 하고 있습니다."

다) 공교육 혁신에 대한 교사의 긍정적 인식 변화

참여자들은 미추홀구 교육혁신지구 사업에 대한 교사들의 인식이 해가 갈수록 긍정적으로 변화하고 있으며, 교육혁신지구 사업에 대한 경험이 쌓이면서 전문가로서 교사의 역량도 함께 성장할 수 있었다고 답하였다. 교사들은 예산 심의와 집행, 정산 등에서 업무의 부담을 가지면서도 학생들의 높은 교육적 만족도를 확인하며 보람을 느낀다고 언급하였다.

< A >

> "5년 차에 접어들다 보니 혁신지구에 대한 교사의 인지, 긍정적인 인식 등이 많이 확산되어 있습니다. 시간이 지날수록 마을 자원을 더 잘 활용할 수 있는 방안을 연구하는 것 같아요. 이런 의미에서 다른 학교의 운영 사례를 듣는 게 굉장히 중요합니다."

< B >

> "담당자와 학년부장님들은 확실히 업무가 늘었다고 봐야죠. 학년별로 주어지는 혁신지구 예산을 활용해서 교육과정도 짜고 특색 있는 프로그램도 운영해야 하니까요. 처음 혁신지구 업무를 담당할 때는 없던 일이 생긴 셈이니까 업무 부담을 느꼈어요. 몇 천만 원의 예산을 써야 하고, 정산까지 해야 돼서 담당자에게는 큰 업무예요. 하지만 업무의 포커스를 어디에 맞추느냐에 따라 마음은 달라지는 것 같아요. 학생들이 만족하면 거기서 보람을 느끼거든요."

2) 사업에 대한 요구

미추홀구 교육혁신지구 시즌Ⅱ의 성공적인 운영을 위해 개선해야할 부분이 있는지 질문하였다. 민관학 거버넌스의 활성화를 통한 소통강화, 단위학교 업무 경감을 위한 제도적 지원, 마을연계교육과정 내실화를 위한 지원 시스템 강화, 교육혁신지구 사업 홍보 및 사례 공유를 통한 질 관리 노력이 더 필요하다고 하였다.

가) 민-관-학 거버넌스의 활성화를 통한 소통 강화

참여자들은 마을교육공동체 실현을 위한 민관학 거버넌스가 학교 일선에서 잘 운영된다고 여기지 않았으며, 민관학 거버넌스의 유연성 있는 운영을 통해 교육 주체 간의 소통을 활성화해야 한다고 강조하였다.

< A >

"뭔가 개선이 필요할 때, 도움이 필요할 때, 문제가 생겼을 때 혁신지구 안에서는 어떤 협의체를 통해 이런 것들을 해결하나요? 결국에 교육혁신지구가 잘 운영되기 위해서는 민관학 거버넌스가 잘 이루어져야 합니다. 규모가 꼭 클 필요가 있을까요? 작게 쪼개서 자주 만나는 것이 더 의미 있지 않을지."

< B >

"학교 관계자들과 함께 토론회를 할 때, 학년의 담당자, 선생님들의 의견을 적극 수용할 수 있는 방안이 있으면 좋겠어요. 직접 발을 담그지 않은 분들은 솔직히 목소리를 내지 않아요. 부장님이나 담당자가 차려놓은 프로그램에 협조만 하는 분들도 계시거든요. 개선해 달라, 변화시켜 달라 목소리를 내지는 않죠. 소극적 참여자, 그런 분들의 이야기도 들을 필요가 있습니다."
"혁신지구는 담당자들끼리만 의사소통이 되는 부분이 있는데 전체적 확산 부분에서는 제한점이 될 수 있어요. 사업에 참여하는 교사나 관계자들이 의견을 나누며, 건의하고 피드백을 받는 시스템이 필요한 것 같아요."

나) 단위학교 업무경감을 위한 제도적 지원

참여자들은 교육혁신지구 사업을 효율적으로 추진하기 위해 예산 사용 규정을 완화하고, 학교업무정상화를 통해 교사들의 자발성을 격려해야 한다고 답했다. 또한 교육혁신지구 사업을 보조해 줄 인력 충원도 필요하다고 답하였다.

< A >

"규정을 세세하게 하는 것이 오히려 업무 추진을 방해할 수도 있어요. 운영의 묘미를 살려야 하는데 그게 어려울 수 있거든요. 처음에 예산 사용의 제약이 너무 많아 힘들었어요. 경계를 좀 허물어서 지금 좀 쓰기 편한 것도 있어요. 영역이 너무 많았는데 지금은 정리가 좀 돼서 더 나은 것 같아요."

"솔직히 혁신지구 사업 예산으로는 어떤 인적자원을 쓸 수 없어요. 일선 선생님들이 다 하다 보니까 힘이 들거든요. 내 고유의 업무도 있는데 혁신지구 사업까지 하니까. 학교는 공간을 제공해 주고, 학생들이 참여하게만 해주는 역할이면 충분하다고 생각하거든요. 홍보부터 계획 운영까지 교사가 1층부터 5층까지 다 쌓아야 하니까 선생님들이 더 적극적으로 할 수가 없는 거예요."

< B >

"요즘 교사들이 제일 반가워하는 키워드가 학교업무정상화예요. 내용을 보면 지금까지 해왔던 일 중에 안 해도 되는 일들이 많아요. 인력과 시간을 혁신지구에 투자하고 있는데 모두 자발성을 가지고 일하는 것은 아니에요. 자칫하면 시대의 흐름에 역행하는 업무를 생산하고 있는 셈이죠. 선생님들이 쉽게 참여할 수 있는 여건을 만들어주시면 더 성공할 수 있지 않을까 생각해요."

"학교에서 어떤 문제에 생겼을 때 그 상황이 근본적으로 해결이 안 되면 더 이상 나가지 못할 때가 있어요. 그게 해결이 안 되면 더 이상 할 얘기가 없는 거죠. 교육청이나 학교에서는 인력이 충원되면 좋겠고, 구청에서는 그것이 가능하도록 인건비를 쓸 수 있게 해 주었으면 합니다. 조례를 바꿔서라도. 안 되면 되는 방법을 찾도록 해야지요."

다) 마을연계교육과정 내실화를 위한 인적·물적 지원

참여자들은 마을연계교육과정 운영 확대에 따른 단위학교의 고민과 어려움을 해결해줄 지원시스템이 구축되어야 한다고 입을 모았다. 미추홀구 온마을교육공동체 홈페이지는 집약된 형태의 마을연계교육과정 지원 체계라고 볼 수 있는데, 이를 더욱 보완하여 학교에서 원클릭으로 자원을 활용할 수 있는 시스템을 갖추었으면 좋겠다고 답했다.

< A >

"관리자분들이 아이들을 직접 데리고 나가는 것에 대한 거부감이 없어야 되거든요. 그걸 걱정하시는 분들이 많아요. 마을 자원을 직접 탐방하려면 관리자들이 그런 활동에 대한 열린 마음이 있어야 합니다."
"5년의 혁신지구 운영을 거치며 마을교육활동가도 많이 양성하고 검증된 프로그램들도 생겼어요. 미추홀구의 상징적인 사업으로 미추홀구 온마을교육공동체 시스템을 강화하고 검증된 마을교육 프로그램을 많은 학교에서 수혜 받도록 해야 할 것 같습니다. 프로그램 신청과 예산 집행, 정산까지 학교에서 쉽게 프로그램을 운영할 수 있도록 원클릭 시스템을 교육청이나 구청에서 운영해 주었으면 좋겠어요."

< B >

"학년별 마을연계교육과정 운영을 돕기 위해 시스템적인 도움이 필요합니다. 이를 위해 현재 남부교육지원청에서는 '민주적 공동체 성장 프로그램'을 지원하고 있습니다. 이런 좋은 프로그램을 위한 운영 및 예산 집행을 확대했으면 하는데 이것을 주무관님 한 분이 혼자 다 하더라고요. 혁신지구 운영을 위한 인력 충원을 구청 관계자분들께 건의드리고 싶습니다."
"중학교는 시험이라는 걸림돌이 있기 때문에 선생님들과 공감대를 형성하려면 지금보다 운영 절차를 간소화 시켜야 해요. 이건 정말 해결하지 못하면 더 나아가기 어려워요. 외부강사 지원 등 지금 많이 노력해 주시는 것, 사이트 운영 내용이 더 풍부해야 합니다. 현재 초등 대상 프로그램은 많지만 중등은 많지 않은 편입니다."

라) 교육혁신지구 사업 홍보 및 사례 공유를 통한 질 관리

참여자들은 미추홀구 교육혁신지구의 홍보 마당이자 마을축제인 온마을교육대축제가 더욱 활성화되어야 하고, 성과자료집을 적극적으로 공유하여 교육혁신지구 사업의 질 관리를 해나가야 한다고 강조하였다.

<A>

"초창기 강당에서 하면 참여가 한정적이었는데 야외로 옮겨 부스를 설치하고 공연도 하니 누구나, 많은 사람들이 갈 수 있어요. 관리자가 참여 의지도 중요한 것 같습니다. 또 공휴일에 하다 보니 학교에서 참여하는 선생님이 적은 것 같아요."

"마을연계교육과정을 작성할 때 성과 자료집의 다른 학교 자료를 참고하도록 학교 선생님께 팁을 드렸어요. 성과 자료집은 설명회에 참여했던 사람만 받을 수 있어서 파일로 많은 사람들이 공유할 수 있도록 하면 좋을 것 같아요."

<B>

"1년간 교육혁신지구 사업을 마무리하는 온마을대축제는 아직 한계가 있는 것 같아요. 학생과 학부모가 최대한 많이 와서 성과도 공유하고 체험활동도 해야 홍보가 되거든요. 부스를 여는 학교의 학생끼리만 참여합니다. 더 많은 학생들의 참여가 아쉬워요. 학교 차원에서 홍보하는 것이 제일 좋은 것 같아요. 학부모들이 알고 참여할 수 있는 방법이 별로 없어요."

"꿀팁이라고 할까요? 거창하게 잘 된 분들의 사례보다는 진짜 쉽게 할 수 있는 것들에 대한 사례 공유가 있었으면 좋겠다고 생각했습니다."

마. 지자체 담당자 면담 분석결과

1) 사업 성과

미추홀구청에서 미추홀구 교육혁신지구 운영을 담당했던 주무관들에게 사업 성과를 질문하였다. 참여자들은 마을의 신뢰회복, 마을공동체의식 형성을 사업의 성과로 언급하였다.

가) 마을의 신뢰회복

미추홀구 교육혁신지구 운영 담당 주무관들은 마을의 주민들과 구청 간에 신뢰관계가 형성 되었다고 인식하였다.

< A >

"마을교육을 통해 자녀를 잘 키울 수 있다는 마을에 대한 믿음, 신뢰, 호감, 공동체 의식이 생겼다고 생각해요. 나아가서는 구와 주민의 신뢰 관계가 회복되고 형성되었다고 볼 수 있죠."

< B >

"주민들은 온마을학교를 통해 자녀가 잘 성장했다는 생각을 하시는 것 같아요. 우리 마을을 통해 자녀가 잘 성장했다고 생각하시기에 마을을 위해 봉사하는 마을활동가가 많아지고 있어요. 마을에 대한 이러한 생각은 정말 의미 있다고 생각해요. 우리 마을에 대한 진정성 있는 공동체의식은 바로 이런 마음에서 시작되는 것 같아요."

나) 마을 공동체의식 형성

교육혁신지구 담당자들은 교육혁신지구 운영을 통한 마을의 변화가 마을 구성원들의 공동체의식 형성에 영향을 주었다고 언급하였다.

< A >

"교육혁신지구를 운영하면서 삶의 변화를 추구해 왔다고 생각해요. 마을 사람과 함께 했기에 긍정적으로 변화하는 성장이 가능했어요. 그리고 주민과 학생들에게서 마을을 사랑하는 마음이 느껴졌어요. 마을에서 공동체로서의 문화가 확대되고 있구나 하는 생각이 들었어요."

< B >

"마을이 변화한다는 생각에 마을에 대한 주민들의 관심과 사랑도 커진 것 같아요. 마을의 성장이 개인에게 긍정적 영향을 미치게 되기에 개인도 마을에 대한 마음이 커진 것이겠죠. 이러한 과정에서 공동체의식이 더욱 커지는 것 같아요."

2) 사업에 대한 요구

미추홀구 교육혁신지구 시즌 I 이 만료되고 시즌 II 가 추진된다면 어떤 부분에 주안점을 두어야 하는지 질문하였다. 참여자들은 인적자원을 양성하고, 일반 자치와 교육 자치의 협력을 강화하는 것이 필요하다고 하였다.

가) 인적자원 양성 확대

주민과 현장에서 함께한 미추홀구 담당자는 민관학 거버넌스 확대를 위한 인적자원을 양성하는 것이 중요 요인이라고 언급하였다.

< A >

"일을 하다 보니 민관학 거버넌스가 중요하다는 것을 알게 되었어요. 처음에는 함께 일할 인적자원을 찾으면서 발굴했지만 발굴하는 것만으로는 한계가 있어서 양성하는 것이 필요하다는 생각이 많이 들었어요. 민의 인적자원을 발굴하고 양성하여 민관학 거버넌스가 확대될 수 있도록 여건을 조성하는 것이 필요해요."

< B >

"삶의 변화를 위해서는 특정 부류의 사람만이 아니라 민관학 모두 성장해야 한다고 생각해요. 우리 모두가 성장할 때 진정한 변화가 가능할 겁니다."

나) 일반 자치와 교육 자치의 협력 강화

미추홀 구청에서는 일반 자치와 교육 자치의 협치의 의미와 중요성을 인식하고 교육혁신지구의 개선을 위해 일반 자치와 교육 자치의 협력이 강화되어야 한다고 강조하였다.

< A >

"마을과 학교를 연결하는 것이 그리 간단하지가 않았어요. 마을은 학교를 모르고, 학교는 마을을 모르기 때문에 마을은 구청에서 학교는 교육청에서 연결해주는 것이 필요해요. 그렇기 때문에 일반 자치와 교육 자치의 협력은 마을교육공동체를 추구하는데 있어 매우 중요합니다."

< B >

"교육경비보조사업만 했을 때는 잘 몰랐는데 교육혁신지구 사업을 해보니 교육경비보조사업과 교육혁신지구 사업은 많이 다르더라고요. 절차적인 측면에서는 이 두 가지가 비슷하다고 할 수 있지만 철학적으로는 완전히 다른 것이라고 생각해요. 철학적인 것을 담아서 예산을 사용할 수 있어서 보람도 느껴집니다."

바. 교육청 담당자 면담 분석결과

1) 사업 성과

남부교육지원청에서 미추홀구 교육혁신지구 운영을 담당했던 장학사들에게 사업 성과를 질문하였다. 참여자들은 교육주체들의 질적인 성장, 마을에 대한 자긍심 증진, 일반 자치와 교육 자치의 협치를 사업의 성과로 언급하였다.

가) 교육주체들의 질적 성장

미추홀구 교육혁신지구 담당 장학사들은 교육의 주체이자 마을교육공동체의 구성원으로서 교사, 학생, 학부모의 질적인 성장이 가장 큰 성과로 인식하였다.

< A >

"선생님들이 마을의 인재양성에 대한 인식이 개선되면서 자연스럽게 교실수업 개선으로 이어지고 마을교육이 다양하고 활발히 이루어진 것 같아요. 선생님들의 이러한 창의적 시도는 학생들이 수업에 흥미를 갖게 하고, 학생들은 다양한 수업방법을 통해 수업에 적극 참여하게 되고 사고가 확장되었다고 생각해요."
"마을교육공동체는 민주적인 학교문화를 지향하고, 이러한 민주적 학교문화는 학생들의 자기 결정력을 신장시켜 민주시민으로 성장하게 했습니다."

< B >

> "이 과정에서 마을에 대한 정체성이 생기되었다고 생각해요. 이것이 민주시민과 연결되면서 우리 학생들이 지역을 아는 글로벌 리더를 의미하는 글로컬 리더로 성장할 것이라 기대됩니다."
> "학생들과 학교가 변화하는 모습에 학부모들의 변화도 정말 커진 것 같아요. 교육에 대한 열의와 열정이 높아졌어요. 예전에는 학생의 부모로서 학생의 관심을 바탕으로 한 관심이었다면 이제는 마을교육공동체의 일원으로서 교육협력자가 되고 있는 것 같아요."

나) 마을에 대한 자긍심 증진

장학사들은 미추홀구 교육혁신지구를 통해 학생들의 애향심이 높아졌으며 나아가 마을에 대한 자긍심이 증진되었다고 하였고, 교사와 학부모도 마을에 대한 관심이 높아졌다고 인식하였다.

< A >

> "마을연계교육과정이 운영되면서 학생들은 애향심이 생기고 마을에 대한 자긍심이 높아졌다고 생각합니다. 미추홀구에서 졸업한 학생 중에 청년활동을 하는 사람이 생겨나더라고요. 시대적 흐름이 인성교육에서 시민성 교육으로 전환된다고 느껴졌어요."

< B >

> "마을교육이 민주시민교육을 지향하면서 학생들의 성장을 이끌었습니다. 이 과정에서 학생들은 마을에 대한 자긍심이 높아졌다고 생각해요. 그리고 학생만이 아니라 선생님과 학부모들도 교육혁신지구를 처음 시작할 때에 비해서 마을에 대한 관심이 정말 많이 높아진 것 같아요."

다) 교육자치와 일반 자치의 협치

교육혁신지구 담당 장학사들은 교육청의 교육자치와 구청의 일반 자치의 협력을 통한 협치를 교육혁신지구의 매우 의미 있는 성과로 언급하였다.

<A\>

> "서로에 대한 이해의 폭이 넓어졌어요. 교육청에서는 구청에서 어떤 일이 어떻게 진행되는지 알게 되었고, 구청에서는 교육에 대한 이해가 깊어지고 예산을 교육에 적절하게 사용하는 것을 알게 된 것 같아요."

<B\>

> "다른 교육혁신지구에 비해 미추홀구가 협치가 잘 이루어졌다고 생각해요. 서로 협력이 잘 되다보니 시너지 효과도 컸어요. 교육청의 콘텐츠와 구청의 인프라가 협업을 통해 많은 효과를 나타냈어요."
> "처음에는 교육청에서 주관하게 되었지만 시간이 갈수록 구청에서 독립적 사업이 가능하게 되면서 균형적으로 사업추진을 할 수 있게 되었어요. 상호간에 신뢰가 쌓였기에 가능했지요."

2) 사업에 대한 요구

미추홀구 교육혁신지구 시즌 Ⅰ이 만료되고 시즌 Ⅱ가 추진된다면 어떤 부분에 주안점을 두어야 하는지 질문하였다. 참여자들은 교육협력사업과 민관학 거버넌스의 확대가 필요하다고 하였다.

가) 교육협력사업 확대

장학사들은 단순 예산지원으로서의 교육경비보조사업보다는 철학, 가치, 의미 등을 추구하는 교육협력사업으로서의 교육혁신지구 사업의 확대가 필요하다고 강조하며 교육경비보조사업과 교육협력사업의 차이점에 대해 강조하였다.

< A >

> "교육경비보조사업은 예산만 지원하는 것으로 형식적, 행정적 사업인데 비해 교육혁신지구와 같은 교육협력사업은 교육주체를 지원하는 것으로 사람에 대한 가치, 철학, 성장에 방점을 있어요. 협력적이어서 지속 가능해요."

< B >

> "교육혁신지구 사업은 학부모, 교사, 학생, 시민 모두의 성장을 추구하는 것으로 교육운동으로 시작되었으나 지금은 사회문화운동이라 할 수 있어요. 사람의 변화가 문화의 변화이기 때문이지요. 조급한 성과주의가 문화의 변화를 방해하는 요소라고 생각해요."

나) 민관학 거버넌스 확대

교육혁신지구에 경험이 있는 장학사들은 교육혁신지구의 성공적 운영을 위해서는 관주도보다는 민관학 거버넌스의 확대가 필수적 요소라고 언급하며 모든 이들의 교육혁신지구에 대한 이해도와 인식을 높이기 위한 홍보와 연수를 확대하는 것이 필요하다고 하였다.

< A >

> "민관학 거버넌스는 시즌Ⅱ의 방향성이 되어야 한다고 생각해요. 관주도의 사업 추진은 한계가 있을 수밖에 없고 민관학이 함께 협력하여 사업을 추진해야 합니다. 특히, 민에 해당하는 학부모와 마을시민들의 참여를 확대할 수 있도록 이분들의 역량이 강화되도록 지원해 드리고 참여기회를 부여해 드리는 것이 필요해요."

< B >

> "민관학 거버넌스를 통한 교육혁신지구 운영은 혁신학교의 한계를 극복할 수 있다고 생각해요. 협력과 연대는 수동적인 태도를 자발적인 태도로 변화시켜 줘요. 민관학이 협력하면 우리 모두 자발성에 의해 힘 있는 변화를 만들어 갈 수 있을 거예요."
> "민관학 거버넌스를 확대하기 위해 여러 노력을 하였으나 민관학 모두 이해도와 인식이 낮아 힘들었어요. 시즌Ⅱ에서는 소수의 사람들이 아니라 모두의 이해도와 인식이 높아질 수 있도록 많은 노력을 기울여야 할 것 같아요."

IV

인과관계 분석

1. 연구방법

가. 연구대상

1) 학생

학생의 마을교육공동체 인식이 학생의 행복감과 역량에 미치는 영향을 알아보기 위해 미추홀구에 소재하는 초·중학교 학생을 대상으로 설문을 실시하였다. 응답자 1,140명 중 불성실하게 답한 54명의 응답을 제외한 1,086명의 설문을 분석에 사용하였다. 그 중 학교 급별로 보면 초등학생 242명(22.3%), 중학생 844명(77.7%), 성별로 보면 남학생 494명(45.59%), 여학생 592명(54.5%)으로 나타났다. 연구대상자 학생의 인구 통계학적 특성은 <표 IV-1>에 제시하였다.

<표 Ⅳ-1> 연구 대상자 학생의 인구통계학적 특성(N=1,086)

구분		성별		합(%)
		남	여	
학교 급	초등학교	118 명	124 명	242(22.3%)
	중학교	376 명	468 명	844(77.7%)
합계(%)		494(45.5%)	592(54.5%)	1,086(100%)

2) 교사

교사의 교육혁신지구 사업에 대한 인식이 직무 만족도에 미치는 영향을 보기 위해 미추홀구에 소재하는 초·중학교 교사를 대상으로 설문을 실시하였다. 응답자 378명 중 불성실하게 답한 38명의 응답을 제외한 330명의 설문을 분석에 사용하였다. 그 중 학교 급별로 보면 초등학교 교사 217명(65.8%), 중학교 교사 113명(34.2%), 성별로 보면 남교사 97명(29.4%), 여교사 233명(70.6%)으로 나타났다. 또한 직책별로는 일반교사 208명(63.0%), 부장교사 101명(30.6%), 기타 21명(6.4%), 담임교사 257명(77.9%), 비담임 73명(22.1%), 경력별로는 10년 이하 134명(40.6%), 11년~20년 95명(28.8%), 21년~30년 63명(19.1%), 31년 이상 38명(11.5%)으로 나타났다. 연구 대상자 교사의 인구 통계학적 특성은 <표 Ⅳ-2>에 제시하였다.

<표 Ⅳ-2> 연구 대상자 교사의 인구통계학적 특성(N=330)

구분		성별		합계(%)
		남	여	
학교급	초등학교	68명	149명	217명(65.8%)
	중학교	29명	84명	113명(34.2%)
직책	일반교사	43명	165명	208명(63.0%)
	부장교사	45명	56명	101명(30.6%)
	기타	9명	12명	21명(6.4%)
담임	담임	78명	179명	257명(77.9%)
	비담임	19명	54명	73명(22.1%)
경력	10년 이하	41명	93명	134명(40.6%)
	11년~20년	23명	72명	95명(28.8%)
	21년~30년	23명	40명	63명(19.1%)
	31년 이상	11명	28명	38명(11.5%)
합계(%)		97명(29.4%)	233명(70.6%)	330명(100%)

3) 주민(학부모)

미추홀구에 거주하는 주민인 학부모의 교육혁신지구 사업에 대한 인식이 학교교육 만족도에 미치는 영향을 알아보기 위해 미추홀구에 소재하는 초·중학교 학생의 학부모를 대상으로 설문을 실시하였다. 응답자 735명 중 불성실하게 답한 23명의 응답을 제외한 712명의 설문을 분석에 사용하였다. 그 중 자녀의 학교 급별로 보면 초등학생 자녀를 둔 학부모 537명(75.4%), 중학생 자녀를 둔 학부모 140명(19.7%), 초·중학생 자녀를 모두 둔 학부모는 35명(4.9%)으로 나타났다. 연구 대상자 학부모의 인구 통계학적 특성은 <표 Ⅳ-3>에 제시하였다.

<표 Ⅳ-3> 연구 대상자 주민(학부모)의 인구통계학적 특성(N=712)

구분		합계(%)
자녀 학교급	초등	537(75.4%)
	중등	140(19.7%)
	초·중등	35(4.9%)
합계(%)		712(100%)

나. 척도

1) 마을교육공동체 인식

학생의 마을교육공동체 인식 측정을 위해서는 김종민(2018)이 인천 광역시 교육혁신지구 성과 평가를 위해 개발한 지표를 수정하여 사용하였다.

김종민(2018)의 연구에서 학교나 마을에 대한 생각을 묻는 질문 6 문항을 본 연구에서 전문가들의 자문을 토대로 학생의 마을교육공동체 인식 하위요인을 마을인식과 학교인식으로 설정하였다.

Likert 방식의 5점 척도로서 '전혀 그렇지 않다'(1점), '그렇다'(2점), '보통이다'(3점), '그렇다'(4점), '매우 그렇다'(5점)에 응답하도록 되어 있으며 점수가 높을수록 마을교육공동체 사업이 잘 이루어진 것으로 인식함을 의미한다. 이 연구에서 Cronbach's Alpha 값은 .87로 나타났으며, 척도의 문항구성과 요인별 Cronbach's Alpha 값은 <표 Ⅳ-4> 와 같다.

<표 Ⅳ-4> 마을교육공동체 인식 신뢰도 계수

하위 영역	문 항 번 호	신뢰도 계수(α)
마을인식	1,2,3	.80
학교인식	4,5,6	.83
전체	6문항	.87

2) 교사용 교육혁신지구 사업

교사의 교육혁신지구 사업 측정은 김종민(2018)이 인천광역시 교육혁신지구 성과 평가를 위해 개발한 지표를 수정·보완하여 사용하였다.

척도의 내용 타당도를 위해 전문가 집단의 자문을 통해 본 연구에서 측정하고자 하는 교육혁신지구 사업에 대한 개념적 정의에 따른 요인과 문항을 수정·보완하였다. 마을-학교 연계 사업 문항 중 3문항을 추출하여 마을-학교 연계사업 운영, 마을-학교 연계 사업 문항 중 성과와 관련된 문항을 추출하여 마을-학교 연계사업 성과, 민관학 거버넌스 구축 운영 및 성과 요인에서 민관학 거버넌스 운영 및 성과 문항에서 중복된 의미가 포함된 것을 삭제하고 3문항을 추출하여 민관학 거버넌스 운영으로 설정하였다. 즉, 본 연구에서는 교육혁신지구 사업을 측정하기 위해 최종적으로 마을-학교연계사업 운영, 마을-학교 연계사업 성과, 민관학 거버넌스 운영의 3요인으로 구성된 척도를 타당도 검증 후 사용하였다.

예비연구 문항분석 및 요인탐색

수정·보안된 척도의 구성요인을 확인하기 위해 예비 연구에서 탐색적 요인분석을 실시하였고, 요인부하량이 높은 문항과 해석 가능성을 함께 고려하여 각 요인의 구성 문항을 검토하였다. 그 결과, 마을-학교 연계사업 운영, 마을-학교 연계사업 성과, 민관학 거버넌스 운영의 3개의 요인 구조가 명확하게 확인되었다. 이들에 대한 요인 행렬 및 문항별 부하량은 <표 Ⅳ-5>와 같다.

<표 Ⅳ-5> 교육혁신지구 사업의 탐색적 요인분석 결과

문항	요인		
	1	2	3
사업 성과5	.896	.454	.655
사업 성과8	.846	.425	.527
사업 성과7	.837	.424	.554
사업 성과4	.810	.353	.644
사업 성과2	.810	.433	.677
사업 성과1	.804	.361	.749
사업 성과6	.795	.369	.567
사업 성과3	.776	.391	.653
협의체2	.530	.923	.399
협의체3	.517	.919	.406
협의체1	.379	.912	.294
마을학교연계3	.664	.395	.873
마을학교연계4	.601	.294	.721
마을학교연계2	.615	.371	.715
마을학교연계1	.507	.334	.518

예비연구 신뢰도 분석

탐색적 요인분석으로 확정된 교육혁신지구 사업 척도에 대한 신뢰도 검증을 위해 전체 척도와 하위요인에 대해 각각 내적합치도 검증을 수행하였다. 내적합치도 분석 결과 전체 내적 합치도는 .95로 양호한 값을 나타냈으며, 각 요인의 내적 합치도를 검토해 보았을 때 마을학교 연계사업 운영은 .81, 마을학교연계사업 성과는 .94, 민관학 거버넌스 운영은 .94로 나타났다. 또한 요인 간 상관은 r =.49에서 r =.79로 나타났다. <표 Ⅳ-6>에 교육혁신지구 사업 척도의 요인 간 상관을 제시하였다.

<표 Ⅳ-6> 교육혁신지구 사업 예비척도의 하위요인 점수 간 상관

	마을학교 연계사업 운영	마을학교 연계사업 성과	민관학 거버넌스 운영
마을-학교 연계사업 운영	1		
마을-학교 연계사업 성과	.79**	1	
민·관·학 거버넌스 운영	.49**	.54**	1
전체	.85**	.88**	.84**

예비연구 요인구조 검증

3개의 요인 구조가 교육혁신지구 사업에 적합한지를 확인하고자 확인적 요인분석을 수행하였다. 확인적 요인분석 결과는 <표 Ⅳ-7>과 [그림 Ⅳ-1]와 같다. 결과를 보면($X^2(df$=87, N=200)=206.197, P <.001), TLI=.942, CFI=.952로 양호한 값을 보였고, $RMSEA$도 .083으로 받아

들일 수 있는 적합도를 나타내었다. 따라서 교육혁신지구 사업의 척도는 3요인구조가 적절하다고 결론지었다.

<표 Ⅳ-7> 확인적 요인 분석 적합도 지수

χ^2	df	p	TLI	CFI	RMSEA(90% 신뢰구간)
206.197	87	.000	.942	.952	.083(.068∼.098)

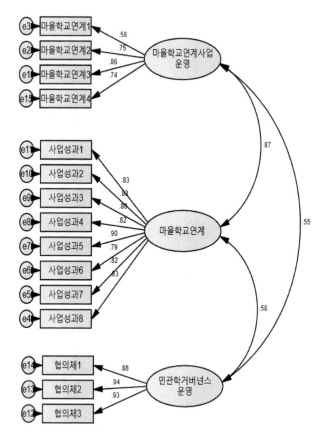

[그림 Ⅳ-1] 교육혁신지구 사업 척도의 요인구조

본 연구 교육혁신지구 사업 척도

본 연구에서는 위와 같이 타당도가 검증된 척도를 사용하였다. 교육혁신지구 사업 척도는 마을-학교연계사업 운영, 마을-학교연계사업 성과, 민관학 거버넌스 운영으로 구성되어 있다.

Likert 방식의 5점 척도로서 '미흡'(1점), '다소 미흡'(2점), '보통'(3점), '우수(4점)', '매우 우수'(5점)에 응답하도록 되어 있고, 점수가 높을수록 교사가 교육혁신지구 사업의 성과가 좋은 것으로 인식함을 의미한다. 이 연구에서 Cronbach's Alpha 값은 .96으로 나타났으며, 척도의 문항구성과 요인별 Cronbach's Alpha 값은 <표 Ⅳ-8>과 같다.

<표 Ⅳ-8> 교사용 교육혁신지구 사업 신뢰도 계수

하위 영역	문 항 번 호	신뢰도 계수(α)
마을-학교 연계사업 운영	1,2,3,4	.87
마을-학교 연계사업 성과	5,6,7,8,9,10,11,12	.96
민관학 거버넌스 운영	13,14,15	.95
전체	15문항	.96

3) 학부모용 교육혁신지구 사업

학부모의 교육혁신지구 사업 측정은 김종민(2018)이 인천광역시 교육혁신지구 성과 평가를 위해 개발한 지표를 수정하여 사용하였다.

김종민(2018) 연구에서 마을-학교 연계사업은 7문항으로 구성되어 있는데 본 연구에서는 전문가들의 자문을 토대로 다른 문항과 의미가 중복되는 한 문항을 삭제하고, 마을-학교 연계사업 운영과 마을-연계사업 성과의 두 요인으로 분리하였다. 또한 김종민(2018) 연구에서 민관학 거버넌스 구축 및 성과 6문항을 본 연구에서는 전문가들의 자문을 토대로 민관학 거버넌스 운영 3문항으로 축소하였다. 따라서 본 연구에서 교육혁신지구 사업을 마을-학교 연계사업 운영, 마을-학교 연계사업 성과, 민관학 거버넌스 운영을 하위요인으로 설정하였다.

Likert 방식의 5점 척도로서 '미흡'(1점), '다소 미흡'(2점), '보통'(3점), '우수(4점)', '매우 우수'(5점)에 응답하도록 되어 있으며 점수가 높을수록 학부모가 교육혁신지구 사업의 성과가 좋은 것으로 인식함을 의미한다. 이 연구에서 Cronbach's Alpha 값은 .97로 나타났으며, 척도의 문항구성과 요인별 Cronbach's Alpha값은 <표 Ⅳ-9>와 같다.

<표 Ⅳ-9> 학부모용 교육혁신지구 사업 신뢰도 계수

하위 영역	문 항 번 호	신뢰도 계수(α)
마을-학교 연계사업 운영	1,2	.88
마을-학교 연계사업 성과	3,4,5,6	.96
민관학 거버넌스 운영	7,8,9	.96
전체	9문항	.97

4) 학교 호감도

교사, 학생, 학부모의 학교 호감도 측정은 모두 김종민(2018)이 인천광역시 교육혁신지구 성과 평가를 위해 개발한 지표를 사용하였다.

본 연구에서는 부정적 용어 1점에서 긍정적 용어로 5점까지 응답하도록 되어 있으며 점수가 높을수록 대상별 학교 호감도가 높은 것을 의미한다. 이 연구에서 척도의 문항구성과 요인별 Cronbach's Alpha

값은 <표 Ⅳ-10>과 같다.

<표 Ⅳ-10> 대상별 학교 호감도 신뢰도 계수

대상	척도	문 항 번 호	신뢰도 계수(α)
교사	학교 호감도	1,2,3,4,5,6,7	.95
학생		1,2,3,4,5,6,7	.94
학부모		1,2,3,4,5,6,7	.97

5) 마을 호감도

교사, 학생, 학부모의 마을 호감도 측정은 김종민(2018)이 인천광역시 교육혁신지구 성과 평가를 위해 개발한 지표를 사용하였다.

본 연구에서는 부정적 용어 1점에서 긍정적 용어로 5점까지 응답하도록 되어 있으며 점수가 높을수록 대상별 마을 호감도가 높은 것을 의미한다. 이 연구에서 척도의 문항구성과 요인별 Cronbach's Alpha 값은 <표 Ⅳ-11>과 같다.

<표 Ⅳ-11> 대상별 마을 호감도 신뢰도 계수

대상	척도	문 항 번 호	신뢰도 계수(α)
교사	학교 호감도	1,2,3,4,5,6,7	.98
학생		1,2,3,4,5,6,7	.97
학부모		1,2,3,4,5,6,7	.98

6) 행복

학생의 행복감 측정을 위해 이경민(2018)이 청소년의 위험요인 및 보호요인이 학업중단의식에 미치는 영향을 분석하기 위해 활용한 행복감 척도(이승헌·유성모(2007)가 수정, 개발)를 사용하였다.

Likert 방식의 5점 척도로서 '전혀 그렇지 않다'(1점), '그렇지 않다'(2점), '보통이다'(3점), '그렇다'(4점), '매우 그렇다'(5점)에 응답하도록 되어 있으며 점수가 높을수록 행복도가 높은 것을 의미한다. 이 연구에서 척도의 문항구성과 Cronbach's Alpha 값은 <표 Ⅳ-12>와 같다.

<표 Ⅳ-12> 행복 신뢰도 계수

하위 영역	문 항 번 호	신뢰도 계수(α)
행복	1,2,3,4,5,6,7,8	.96

7) 역량

2015 개정교육과정에서 추구하는 학생의 역량 측정을 위해 김종민(2018)이 인천광역시 교육혁신지구 성과 평가를 위해 개발한 지표를 사용하였다.

Likert 방식의 5점 척도로서 '전혀 그렇지 않다'(1점), '그렇지 않다'(2점), '보통이다'(3점), '그렇다'(4점), '매우 그렇다'(5점)에 응답하도록 되어 있으며 점수가 높을수록 역량이 높은 것을 의미한다. 이 연구에서 Cronbach's Alpha 값은 .97로 나타났으며, 척도의 문항구성과 요인별 Cronbach's Alpha 값은 <표 Ⅳ-13>과 같다.

<표 Ⅳ-13> 역량 신뢰도 계수

하위 영역	문 항 번 호	신뢰도 계수(α)
자기관리 역량	1,2,3,4,5	.88
의사소통 역량	6,7,8,9,10	.90
공동체 역량	11,12,13,14,15	.90
심미적사고 역량	16,17,18,19,20	.87
지식정보처리 역량	21,22,23,24,25	.91
창의적사고 역량	26,27,28,29,30,31,32,33,34,35	.96
전체	35문항	.97

8) 직무 만족도

교사의 직무 만족도 측정은 이성국(2012)이 초등교사의 전문성 및 직무만족도 측정을 위해 사용한 척도를 수정하여 사용하였다.

Likert 방식의 5점 척도로서 '전혀 그렇지 않다'(1점), '그렇지 않다'(2점), '보통이다'(3점), '그렇다'(4점), '매우 그렇다'(5점)에 응답하도록 되어 있으며 점수가 높을수록 직무 만족도가 높은 것을 의미한다. 이 연구에서 Cronbach's Alpha 값은 .89로 나타났으며, 척도의 문항구성과 요인별 Cronbach's Alpha 값은 <표 Ⅳ-14>와 같다.

<표 Ⅳ-14> 직무 만족도 신뢰도 계수

하위 영역	문 항 번 호	신뢰도 계수(α)
교직의식	1,2,3,4	.86
존중감	5,6	.78
발전성	7,8,9,10	.84
동료애	11,12,13	.89
인간관계	14,15	.60
전체	15문항	.89

9) 학교교육 만족도

학부모의 학교교육 만족도 측정은 최봉섭(2008)이 부모와 담임교사의 의사소통 형태에 따른 학부모의 학교교육 만족도 차이에 관한 연구를 위해 개발한 지표를 수정하여 사용하였다.

Likert 방식의 5점 척도로서 '전혀 그렇지 않다'(1점), '그렇지 않다'(2점), '보통이다'(3점), '그렇다'(4점), '매우 그렇다'(5점)에 응답하도록 되어 있으며 점수가 높을수록 학부모의 학교교육 만족도가 높은 것을 의미한다. 이 연구에서 Cronbach's Alpha 값은 .98로 나타났으며, 척도의 문항구성과 요인별 Cronbach's Alpha 값은 <표 IV-15>와 같다.

<표 IV-15> 학교교육 만족도 신뢰도 계수

하위 영역	문 항 번 호	신뢰도 계수(α)
교수학습 활동	1,2,3,4	.93
교사의 자질	5,6,7,8	.96
학교 환경	9,10,11,12	.90
교과외 활동	13,14,15,16	.93
교육 결과	17,18,19,20	.94
전체	20문항	.98

다. 결과분석 방법

본 연구에서는 학생의 마을교육공동체 인식, 학교 호감도, 마을 호감도, 행복, 역량의 관계, 학부모의 교육혁신지구 사업, 학교 호감도, 마을 호감도, 학교교육 만족도의 관계, 교사의 교육혁신지구 사업, 학교 호감도, 마을 호감도, 직무 만족도의 관계를 밝히고자 설문지를 제작하여 인터넷으로 설문을 받았고 수집된 자료는 SPSS 18.0과 AMOS

18.0을 이용하여 다음과 같이 분석을 실시하였다.

첫째, 연구대상자의 인구학적 특성을 알아보기 위해 빈도와 백분율을 산출하고, 전반적인 자료의 특성을 알아보기 위해 기술 통계와 각 변인별 신뢰도 검증을 위한 Cronbach's Alpha를 검토하였다.

둘째, 연구에 사용된 변인들 간 관련성을 살펴보기 위하여 Pearson 상관분석을 실시하였다.

셋째, 각 변인들 간의 인과관계를 분석하기 위하여 구조방정식 모형 검증을 실시하였고, 연구모형의 적합도와 잠재변인 간 경로계수를 산출하였다. 이때 추정방법은 최대우도법(Maximum Likelihood Estimation)을 사용하였다. 본 연구에서는 각 모형의 적합도를 평가하기 위해 x^2값뿐만 아니라 CFI(Comparative Fit Index), TLI(Tuker Lewis Index), RMSEA(Root Mean Square Error of Approximation) 등의 적합도를 이용하였다. x^2의 단점이 상대적으로 표본의 크기에 영향을 많이 받는다는 점이기 때문에 이를 보완하기 위해서 모형의 설명력과 간명성까지 모두 고려하는 CFI, TLI, RMSEA를 사용하였다. CFI와 TLI는 .90이상, RMSEA는 .10미만일 때 수용할 수 있는 수준의 적합도인 것으로 해석된다(홍세희, 2000).

넷째, 매개효과를 검증하기 위하여 연구모형의 변수 간 계수 추정치, 전체 효과, 직접·간접효과와 각 변수들의 상대적 설명량의 크기를 살펴보았다.

다섯째, 매개효과의 유의도를 확인하기 위해 Shrout와 Bolger(2002)

의 제안에 따라 부트스트랩 절차를 활용하였다. 이때 여러 매개 변수들의 개별 간접효과의 유의성을 검증하기 위해 팬텀변수를 이용하였다. 부트스트랩 절차는 모수 분포를 알지 못할 때 모수의 경험적 분포를 생성시키는 방법으로 본 연구에서는 10,000개의 표본을 원자료로부터 생성하여 신뢰구간 95%에서 간접효과의 유의도를 검증하였다.

2. 연구결과

가. 학생 분석결과

1) 변인에 대한 기술 통계치

기초 분석으로써 각 척도에 대한 평균, 표준편차, 왜도, 첨도를 구하였다. 결과는 <표 Ⅳ-16>과 같다. 교육혁신지구 사업은 5점 기준에 평균이 마을인식 3.75, 학교인식 3.65로 학교인식에 비해 마을인식이 높게 나타났으며, 전체 평균은 3.70으로 나타났다. 학교 호감도는 5점 기준에 평균이 3.48, 마을 호감도는 5점 기준에 3.86, 행복은 5점 기준에 평균 4.00으로 나타났다. 역량은 5점 기준에 3.83~4.05로 심미적사고 역량이 가장 낮고 의사소통 역량이 가장 높게 나타났으며 전체 평균은 3.88로 나타났다.

Finch와 West(1997)는 측정변수들이 왜도와 첨도의 절대 값이 각각 2와 7을 넘지 않을 때 정상분포 가정을 충족한다고 제언하였다. <표 Ⅳ-16>에 제시한 바와 같이 각 변인들의 왜도는 -.63~.06의 범위 안에 있는 것으로 나타나 절댓값이 2를 넘는 변인들이 없으므로 정규성 가정이 충족되었다고 볼 수 있다. 첨도 또한 -.56~.33의 범위 안에 포함되어 절댓값 7을 넘는 변인이 없으므로 일변량 정규성 가정을 충족시킨다고 볼 수 있다.

<표 Ⅳ-16> 주요 변수에 대한 기술 통계(N=1,086)

척도명	하위요인	평균	표준편차	왜도	첨도
교육혁신지구 사업	마을인식	3.75	.87	-.33	-.19
	학교인식	3.65	.88	-.23	-.08
	전체	3.70	.80	-.15	-.15
학교 호감도		3.48	.75	-.60	.33
마을 호감도		3.86	.90	-.40	-.22
행복		4.00	.90	-.63	-.11
역량	자기관리 역량	3.87	.80	-.33	-.21
	의사소통 역량	4.05	.70	-.23	-.56
	공동체 역량	3.92	.75	-.21	-.10
	심미적사고 역량	3.83	.87	-.44	-.27
	지식정보처리 역량	3.92	.78	-.25	-.47
	창의적사고 역량	3.72	.81	.06	-.52
	전체	3.88	.66	.04	-.48

점수범위: 교육혁신지구 사업(1~5), 학교 호감도(1~5), 마을 호감도(1~5), 행복(1~5), 역량(1~5)

2) 변인들 간의 상관분석

각 변인들 간의 관계를 파악하기 위해서 상관분석을 실시하였다. <표 Ⅳ-17>에서 교육혁신지구 사업, 학교 호감도, 마을 호감도, 행복, 역량의 상관관계를 보면, 교육혁신지구 사업은 학교 호감도($r=.63$, $p<.01$), 마을 호감도($r=.70$, $p<.01$), 행복($r=.53$, $p<.01$), 역량($r=.54$, $p<.01$)과 정적 상관을 나타내어 교육혁신지구 사업 점수가 높을수록 학교 호감도, 마을 호감도, 행복, 역량의 점수가 높게 나타난다는 것을 알 수 있다. 학교 호감도는 마을 호감도($r=.77$, $p<.01$), 행복($r=.56$,

$p<.01$), 역량($r=.50$, $p<.01$)과 정적 상관을 나타내어 이 역시 학교 호감도 점수가 높을수록 마을 호감도, 행복, 역량 점수가 높게 나타난다는 것을 알 수 있다. 또한 마을 호감도는 행복($r=.56$, $p<.01$), 역량($r=.47$, $p<.01$)과 정적 상관을 나타내어 마을 호감도 점수가 높을수록 행복과 역량 점수가 높게 나타남을 알 수 있다.

<표 Ⅳ-17> 주요 변인들의 상관계수 행렬(N=1086)

	1	2	3	4	5	6	7	8	9	10	11	12	13
1	1												
2	.67**	1											
3	.91**	.91**	1										
4	.60**	.55**	.63**	1									
5	.69**	.58**	.70**	.77**	1								
6	.53**	.43**	.53**	.56**	.56**	1							
7	.50**	.47**	.53**	.49**	.49**	.74**	1						
8	.43**	.41**	.46**	.44**	.39**	.60**	.69**	1					
9	.47**	.51**	.54**	.53**	.51**	.64**	.71**	.76**	1				
10	.27**	.36**	.35**	.29**	.26**	.37**	.47**	.54**	.56**	1			
11	.36**	.43**	.43**	.39**	.36**	.55**	.66**	.70**	.71**	.63**	1		
12	.37**	.44**	.44**	.40**	.39**	.58**	.70**	.69**	.71**	.61**	.78**	1	
13	.47**	.52**	.54**	.50**	.47**	.68**	.83**	.85**	.87**	.76**	.88**	.89**	1

**$p<.01$, 1.마을인식, 2.학교인식, 3.교육혁신지구 사업 전체, 4.학교 호감도, 5.마을 호감도, 6. 행복, 7. 자기관리 역량, 8.의사소통 역량, 9. 공동체 역량, 10.심미적사고 역량, 11.지식정보, 12.창의적사고 역량, 13.역량 전체

3) 측정모형 검증

앞서 측정변수들의 기술적 통계에서 자료 분포의 정규성이 확인되었으므로 Anderson과 Gerbing(1988)의 제안에 따라 이 연구에서 설정한 구조모형 검증에 앞서 측정변인들이 잠재변인들을 얼마나 잘 측정하고 있는지를 알아보기 위해 측정모형을 검증하였다. 교육혁신지구 사업의 역량에 대한 영향요인의 확인적 요인분석을 통한 측정모형의 적합도와 경로계수의 검증결과는 <표 IV-18>, <표 IV-19>, [그림 IV-2]에 제시하였다. 분석결과 5개의 변인간의 관계는 모두 유의미한 것으로 나타났으며, 측정모형의 적합도 또한 TLI=.955, CFI=.964, RMSEA=.076(90% CI: .071~.081)로 적합도 지수가 모두 양호한 수준으로 나타났다. 따라서 이 연구에서 설정한 측정모형은 수용 가능한 것으로 판단할 수 있다.

측정모형의 신뢰도와 타당도를 분석하기 위해 각 측정변인의 잠재변인에 대한 유의성을 판단하고자 요인부하량을 확인하였다. 측정변인의 유의성을 확인하기 위해서 비표준화 계수의 C.R.값을 살펴보는데 C.R.값은 ±1.96 이상이면 유의수준 5%에서 유의하며 ±2.58이상이면 1% 수준에서 유의한 것으로 볼 수 있다. 본 연구에서 모든 측정변인이 1% 수준에서 유의한 것으로 나타났다.

한편, 각각의 경로계수마다 비표준화 계수, 표준화 계수, 표준오차(S.E), 임계치(C.R: Critical Ratio)가 나타나 있는데, 이때의 경로계수는 회귀계수 또는 요인부하량과 같은 의미를 가지고 있다. <표 IV-18>에 나타난 것처럼 잠재변인을 설명하고 있는 측정변인들의 요인 값은 교육혁신지구 사업 .78~.86, 학교호감도 .89~.94 마을 호감도 .93~.96,

행복 .92~.96, 역량 .65~.86으로 모두 유의미한 것으로 나타나 측정
변수들이 이론적 개념(잠재변수)을 잘 반영하고 있음을 알 수 있다.

[그림 IV-2]를 보면 모든 경로계수는 유의했으며 요인 간 상관계수
는 .52~.81로 나타나 적당한 관계성의 가정을 충족시키고 있는 것을
알 수 있다. 이로써 연구모형의 각 개념변수(잠재변수)들을 측정하기
위해 설정된 측정변수들이 충분한 수렴적 타당성을 가지며, 개념변수
들 간에도 충분한 변별성을 가지는 것으로 나타나 구조모형 추정가
능성이 확인되었다.

<표 IV-18> 측정모형의 요인 값

측정변인		잠재변인	비표준화 계수	S.E.	C.R.	표준화 계수
학교인식	←	교육혁신지구사업	1			.77
마을인식	←	교육혁신지구사업	1.10	.04	26.89***	.86
학교 호감도3	←	학교 호감도	1			.94
학교 호감도2	←	학교 호감도	.63	.01	50.73***	.90
학교 호감도1	←	학교 호감도	.99	.02	48.84***	.89
마을 호감도3	←	마을 호감도	1			.96
마을 호감도2	←	마을 호감도	1.00	.01	71.77***	.96
마을 호감도1	←	마을 호감도	1.02	.02	62.21***	.93
공동체 역량	←	역량	1			.86
의사소통 역량	←	역량	.91	.03	35.67***	.84
자기관리 역량	←	역량	1.04	.03	33.94***	.83
심미적사고 역량	←	역량	.88	.04	24.24***	.65
지식정보처리 역량	←	역량	1.02	.03	35.80***	.84
창의적사고 역량	←	역량	1.07	.03	36.64***	.85
행복3	←	행복	1			.92
행복2	←	행복	1.00	.02	61.40***	.96
행복1	←	행복	.95	.02	54.54***	.93

***p <.00

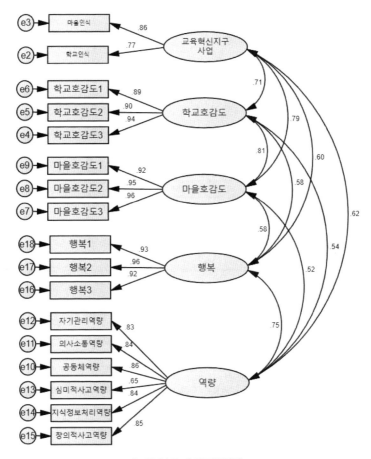

[그림 IV-2] 측정모형(학생)

<표 IV-19> 측정모형의 적합도 지수

	x^2	df	p	TLI	CFI	RMSEA(90% 신뢰구간)
측정모형	796.438	109	.000	.955	.964	.076(.071～.081)

4) 연구모형 검증

연구모형의 적합도 확인 결과 TLI와 CFI가 .955, .964로 양호한 적합도를 보이고 RMSEA는 .076(90% CI: .071~.081)로 보통의 적합도를 나타내었다. 결과는 <표 Ⅳ-20>에 제시하였다.

<표 Ⅳ-20> 연구모형의 적합도 지수

	x^2	df	p	TLI	CFI	RMSEA(90% 신뢰구간)
연구모형	796.438	109	.000	.955	.964	.076(.071~.081)

또한, 직접 경로의 유의도를 확인한 결과 교육혁신지구 사업에서 마을 호감도(β =.80, p<.001), 학교 호감도(β =.19, p<.001), 행복(β =.35, p<.001), 역량(β =.52, p<.001)으로 가는 직접경로는 유의미하였다. 또한 학교 호감도에서 행복(β =.27, p<.001), 역량(β =.09, p<.05)으로 가는 직접경로, 마을 호감도에서 학교 호감도(β =.66, p<.001), 역량(β =-.14, p<.01)으로 가는 경로도 유의미하였다. 그러나 마을 호감도에서 행복(β =.08, p>.05)로 가는 경로는 유의미하지 않았다. 연구모형에서 잠재변인 간의 직접경로 경로계수는 <표 Ⅳ-21>에 제시하였다.

<표 IV-21> 연구모형의 구조계수

			비표준화 계수	S.E.	C.R.	표준화 계수
마을 호감도	←	교육혁신지구 사업	1.03	.04	24.52***	.80
학교 호감도	←	교육혁신지구 사업	.15	.03	4.50***	.19
행복	←	교육혁신지구 사업	.50	.07	6.26***	.35
역량	←	교육혁신지구 사업	.49	.06	8.28***	.52
행복	←	학교 호감도	.46	.08	5.63***	.27
역량	←	학교 호감도	.12	.05	2.12*	.09
학교 호감도	←	마을 호감도	.39	.03	15.92***	.66
행복	←	마을 호감도	.08	.06	1.35	.08
역량	←	마을 호감도	-.11	.004	-2.69**	-.14
역량	←	행복	.44	.02	18.07***	.59

***$p<.001$, **$p<.01$, *$p<.05$

Martens(2005)의 제안에 따라 연구모형에서 각 잠재변인 간의 직접경로의 유의도를 확인하여 유의미하지 않은 경로를 배제하며 수정모형을 설정하였다. 그 결과 마을 호감도에서 행복과 역량으로 가는 직접 경로, 학교 호감도에서 역량으로 가는 직접경로를 제거하여 수정모형을 설정하였다.

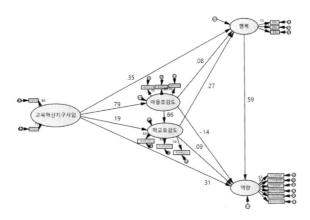

[그림 IV-3] 연구모형(학생)

5) 수정모형의 적합도 및 경로계수

수정모형의 적합도 확인 결과 TLI=.956, CFI=.963, RMSEA =.076(90% CI: .071~.081)로 모든 적합도 지수가 양호한 것으로 나타나 수정모형도 자료에 적합한 것으로 나타났다. 수정모형의 적합도 지수는 <표 Ⅳ-22> 와 같다.

<표 Ⅳ-22> 모형의 적합도 지수 비교

적합도 지수	x^2	df	p	TLI	CFI	RMSEA (90% 신뢰구간)
수정모형	806.299	112	.000	.956	.963	.076(.071~.081)

수정모형의 구조계수를 확인한 결과를 <표 Ⅳ-23>, [그림 Ⅳ-4]에 제시하였다. 모형에서 설정한 잠재변수들 간의 구조계수를 보면, 교육혁신지구 사업에서 마을 호감도로 가는 경로(β =.79, p<.001), 학교 호감도로 가는 경로(β =.49, p<.001), 행복으로 가는 경로(β =.39, p<.001), 역량으로 가는 경로(β =.25, p<.001)는 모두 유의미하게 정적으로 영향을 미쳤다. 또한 마을 호감도에서 학교 호감도로 가는 경로(β =.66, p<.001), 학교 호감도에서 행복으로 가는 경로(β =.31, p<.001), 행복에서 역량으로 가는 경로(β =.60, p<.001)도 모두 유의미하게 정적으로 영향을 미쳤다.

Kline(1998)에 의하면, 경로계수의 절대 값 크기가 .10보다 작으면 작은 효과를 나타내고, .10과 .50 사이면 중간 효과를, .50 이상은 큰 효과를 나타낸다고 하였다. 교육혁신지구 사업이 마을 호감도에 미치는 효과(β =.79), 마을 호감도가 학교 호감도에 미치는 효과(β =.66),

행복이 역량에 미치는 효과(β =.60)는 큰 효과를 나타내었고, 교육혁
신지구 사업이 학교 호감도에 미치는 효과(β =.49), 교육혁신지구 사
업이 행복에 미치는 효과(β =.39), 교육혁신지구 사업이 역량에 미치
는 효과(β =.25), 학교 호감도가 행복에 미치는 효과(β =.31)는 중간
크기의 효과를 나타내었다.

<표 IV-23> 최종 구조모형의 구조계수

			비표준화 계수	S.E.	C.R.	표준화 계수
마을 호감도	←	교육혁신지구 사업	1.03	.04	24.56***	.79
학교 호감도	←	교육혁신지구 사업	.15	.03	4.56***	.49
행복	←	교육혁신지구 사업	.51	.06	8.77***	.39
역량	←	교육혁신지구 사업	.24	.03	7.67***	.25
학교 호감도	←	마을 호감도	.39	.02	16.07***	.66
행복	←	학교 호감도	.52	.07	7.35***	.31
역량	←	행복	.45	.02	18.53***	.60

***p<.001

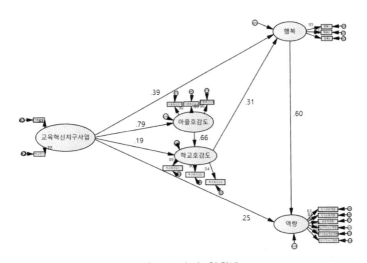

[그림 IV-4] 수정모형(학생)

6) 최종 모형 매개효과 검증

가) 최종모형의 효과분해

최종모형에서 교육혁신지구 사업이 역량에 영향을 미치는데 학교 호감도, 마을 호감도, 행복의 관계를 직접효과, 간접효과로 분해하여 살펴보았다. 그 결과를 <표 Ⅳ-24>에 제시하였다.

교육혁신지구 사업은 마을 호감도에 .79(p<.01)의 직접효과, 학교 호감도에 .19(p<.01)의 직접효과를 나타내었다. 그리고 교육혁신지구 사업은 학교 호감도에 .52(p<.01), 행복에 .22(p<.01), 역량에 .36(p<.01)의 간접 효과를 나타내었다. 그리고 학교 호감도는 행복에 .31(p<.01)의 직접효과를 나타내었다. 또한 마을 호감도는 행복에 .20(p<.01), 역량에 .12(p<.01) 간접효과를 나타내었다. 마지막으로 행복은 역량에 .60(p<.01)의 직접 효과를 나타내었다.

<표 Ⅳ-24> 최종 구조모형의 효과 분해

경로			총효과	직접효과	간접효과 95%CI (하한계, 상한계)
교육혁신 지구 사업	→	마을 호감도	.79**	.79**	
	→ 마을 호감도 →	학교 호감도	.71**	.19**	.52** (.46-.58)
	→ → 학교 호감도 → →마 을 호감도 → 학교 호감도	행복	.61**	.39**	.22** (.16-.27)
	→ → 행복 → → 마을 호감도 → 학교 호감도 → 행복 →	역량	.61**	.25**	.36** (.33-.41)

학교 호감도	→		행복	.31**	.31**
	→ 행복 →		역량	.18**	.18** (.13-.24)
마을 호감도	→		학교 호감도	.66**	.66**
	→ 학교 호감도 →		행복	.20**	.20** (.14-.26)
	→ 학교 호감도 → 행복 →		역량	.12**	.12** (.08-.16)
행복	→		역량	.60**	.60**

***$p<.001$, **$p<.01$, *$p<.05$

나) 매개효과 검증

최종적으로 선택된 구조모형에 포함된 매개효과의 유의성을 검증하기 위해 부트스트랩 절차를 사용하였다. <표 Ⅳ-25>는 팬텀변수를 활용한 개별 매개경로의 통계적 유의성을 제시하였다. <표 Ⅳ-25>에서 볼 수 있듯이 최종모형에서 간접경로는 총 8개가 존재하는데, 모든 간접 경로가 유의한 것으로 나타났다.

구체적으로 교육혁신지구 사업에서 역량으로 가는 간접효과는 교육혁신지구 사업→마을 호감도→학교 호감도→역량, 교육혁신지구 사업→마을 호감도→학교 호감도→행복→역량으로 개별간접효과의 유의성을 나타내지 못하므로 팬텀변수를 사용하는 부트스트랩방법을 사용하여 교육혁신지구 사업에서 역량에 영향을 미치는 학교 호감도와 마을 호감도의 개별간접효과의 유의성을 검증하였다. 그 결과 학교 호감도를 통해 영향을 미치는 간접효과는 .00수준에서, 마을 호감도에서 학교 호감도를 통해 영향을 미치는 간접효과는 .01수준에서 유의한 것으로 나타났다.

즉, 교육혁신지구 사업은 학교 호감도를 통해 역량에 간접적으로 정적 영향을 미치고, 마을 호감도와 학교 호감도의 이중매개를 통해 간접적으로 정적 영향을 미치는 것으로 나타났다.

<표 Ⅳ-25> 최종모형의 매개효과 검증 결과

경로			간접효과 95%CI(하한계, 상한계)
교육혁신지구 사업	→ 마을 호감도 →	학교 호감도	.40**(.34~.47)
	→ 학교 호감도 →	행복	.08**(.04-.12)
	→ 마을 호감도 → 학교 호감도		.21**(.15-.27)
	→ 행복 →	역량	.23**(.18-.28)
	→ 마을 호감도 → 학교 호감도 → 행복 →		.09**(.07-.13)
학교 호감도	→ 행복 →	역량	.23**(.17-.31)
마을 호감도	→ 학교 호감도 →	행복	.20**(.14-.26)
	→ 학교 호감도 → 행복 →	역량	.09**(.06-.12)

**p<.01

나. 학부모 분석결과

1) 변인에 대한 기술 통계치

기초 분석으로써 각 척도에 대한 평균, 표준편차, 왜도, 첨도를 구하였다. 결과는 <표 Ⅳ-26>과 같다. 교육혁신지구 사업은 5점 기준에 평균이 민관학 거버넌스 운영 3.70으로 가장 낮고 마을-학교 연계사업 운영이 3.99로 가장 높게 나타났으며 전체 평균은 3.83으로 나타났다. 학교 호감도는 5점 기준에 평균 4.19, 마을 호감도는 5점 기준에 3.91로 나타났다. 학교교육 만족도는 5점 기준에 평균이 학교환경

4.02로 가장 낮고 교사의 자질이 4.24로 가장 높게 나타났으며 전체
평균은 4.09로 나타났다.

Finch와 West(1997)는 측정변수들이 왜도와 첨도의 절대 값이 각
각 2와 7을 넘지 않을 때 정상분포 가정을 충족한다고 제언하였다.
<표 IV-26>에 제시한 바와 같이 각 변인들의 왜도는 -.96~-.33의 범
위 안에 있는 것으로 나타나 절댓값이 2를 넘는 변인들이 없으므로
정규성 가정이 충족되었다고 볼 수 있다. 첨도 또한 -.68~.67의 범위
안에 포함되어 절댓값 7을 넘는 변인이 없으므로 일변량 정규성 가
정을 충족시킨다고 볼 수 있다.

<표 IV-26> 주요 변수에 대한 기술 통계(N=712)

척도명	하위요인	평균	표준편차	왜도	첨도
교육혁신지구 사업	마을-학교 연계사업 운영	3.99	.92	-.61	-.16
	마을-학교 연계사업 성과	3.78	1.00	-.33	-.68
	민·관·학거버넌스 운영	3.70	1.02	-.35	-.44
	전체	3.83	.93	-.37	-.51
학교 호감도		4.19	.84	-.88	.29
마을 호감도		3.91	.92	-.76	-.54
학교교육 만족도	교수학습 활동	4.12	.81	-.76	.35
	교사의 자질	4.24	.79	-.96	.67
	학교 환경	4.02	.80	-.40	-.50
	교과외 활동	4.03	.81	-.43	-.40
	교육결과	4.08	.80	-.56	-.14
	전체	4.09	.75	-.51	-.27

점수범위: 교육혁신지구 사업(1~5), 학교 호감도(1~5), 마을 호감도(1~5), 학교교육 만족도(1~5)

2) 변인들 간의 상관분석

각 변인들 간의 관계를 파악하기 위해서 상관분석을 실시하였다. <표 Ⅳ-27>에서 교육혁신지구 사업, 학교 호감도, 마을 호감도, 직무 만족도간의 상관관계를 보면, 교육혁신지구 사업은 학교 호감도 ($r=.67$, $p<.01$), 마을 호감도($r=.64$, $p<.01$), 학교교육 만족도($r=.75$, $p<.01$)와 정적 상관을 나타내었다. 이는 교육혁신지구 사업 점수가 높을수록 학교 호감도, 마을 호감도, 학교교육 만족도의 점수가 높게 나타난다는 것을 알 수 있다. 학교 호감도는 마을 호감도($r=.69$, $p<.01$), 학교교육 만족도($r=.78$, $p<.01$)와 정적 상관을 나타내어 학교 호감도 점수가 높을수록 마을 호감도, 학교교육 만족도 점수가 높게 나타난다는 것을 알 수 있다. 또한 마을 호감도는 학교교육 만족도 ($r=.66$, $p<.01$)와 정적 상관을 나타내어 마을 호감도 점수가 높을수록 학교교육 만족도 점수가 높게 나타남을 알 수 있다.

<표 Ⅳ-27> 주요 변인들의 상관계수 행렬(N=712)

	1	2	3	4	5	6	7	8	9	10	11	12
1	1											
2	.89**	1										
3	.81**	.87**	1									
4	.94**	.96**	.94**	1								
5	.65**	.65**	.61**	.67**	1							
6	.61**	.62**	.58**	.64**	.69**	1						
7	.65**	.67**	.65**	.69**	.73**	.60**	1					
8	.55**	.58**	.57**	.60**	.65**	.55**	.88**	1				
9	.68**	.69**	.68**	.72**	.73**	.66**	.82**	.75**	1			

10	.73**	.75**	.74**	.78**	.76**	.65**	.84**	.76**	.87**	1		
11	.68**	.70**	.68**	.73**	.75**	.63**	.85**	.79**	.86**	.91**	1	
12	.71**	.73**	.71**	.75**	.78**	.66**	.95**	.90**	.92**	.94**	.95**	1

**p<.01. 1. 마을-학교연계사업 운영, 2. 마을-학교 연계사업 성과, 3. 민관 거버넌스 운영,
4. 교육혁신지구 사업 전체 5. 학교 호감도, 6. 마을 호감도, 7. 교수학습 활동,
8. 교사의 자질, 9. 학교환경, 10. 교과외 활동, 11. 교육결과, 12. 학교교육 만족도 전체

3) 측정모형 검증

앞서 측정변수들의 기술적 통계에서 자료 분포의 정규성이 확인되
었으므로 Anderson과 Gerbing(1988)의 제안에 따라 이 연구에서 설
정한 구조모형 검증에 앞서 측정변인들이 잠재변인들을 얼마나 잘
측정하고 있는지를 알아보기 위해 측정모형을 검증하였다. 교육혁신
지구 사업의 학교교육 만족도에 대한 영향요인의 확인적 요인분석을
통한 측정모형의 적합도와 경로계수의 검증결과는 <표 Ⅳ-28>, <표
Ⅳ-29>, [그림 Ⅳ-5]에 제시하였다. 분석결과 4개의 변인간의 관계는
모두 유의미한 것으로 나타났으며, 측정모형의 적합도 또한
TLI=.963, CFI=.971, RMSEA =.090 (90% CI: .082~.097)으로 대부
분의 적합도 지수가 양호한 수준으로 나타났다. 따라서 이 연구에서
설정한 측정모형은 수용 가능한 것으로 판단할 수 있다.

측정모형의 신뢰도와 타당도를 분석하기 위해 각 측정변인의 잠재
변인에 대한 유의성을 판단하고자 요인부하량을 확인하였다. 측정변
인의 유의성을 확인하기 위는 비표준화 계수의 C.R.값을 살펴보는데
C.R.값은 ±1.96 이상이면 유의수준 5%에서 유의하며 ±2.58이상이면
1% 수준에서 유의한 것으로 볼 수 있다. 본 연구에서 모든 측정변인
이 1% 수준에서 유의한 것으로 나타났다.

한편, 각각의 경로계수마다 비표준화 계수, 표준화 계수, 표준오차 (S.E), 임계치(C.R: Critical Ratio)가 나타나 있는데, 이때의 경로계수는 회귀계수 또는 요인부하량과 같은 의미를 가지고 있다. <표 Ⅳ -28>에 나타난 것처럼 잠재변인을 설명하고 있는 측정변인들의 요인 값은 교육혁신지구 사업은 .90~.96, 학교 호감도는 .95~.96, 마을 호감도는 .94,~.97, 학교교육 만족도 .84~.95로 모두 유의미한 것으로 나타나 측정변수들이 이론적 개념(잠재변수)을 잘 반영하고 있음을 알 수 있다.

[그림 Ⅳ-5]를 보면 모든 경로계수는 유의했으며 요인 간 상관계수는 .66~.81로 나타나 적당한 관계성의 가정을 충족시키고 있는 것을 알 수 있다. 이로써 본 연구의 연구모형의 각 개념변수(잠재변수)들을 측정하기 위해 설정된 측정변수들이 충분한 수렴적 타당성을 가지며, 개념변수들 간에도 충분한 변별성을 가지는 것으로 나타나 구조모형 추정가능성이 확인되었다.

<표 Ⅳ-28> 측정모형의 요인 값

측정변인		잠재변인	비표준화 계수	S.E.	C.R.	표준화 계수
민·관·학거버넌스 운영	←	교육혁신지구 사업	1			.90
마을-학교 연계사업 성과	←	교육혁신지구 사업	1.05	.02	44.41***	.96
마을-학교 연계사업 운영	←	교육혁신지구 사업	.92	.02	39.14***	.91
학교 호감도3	←	학교 호감도	1			.95
학교 호감도2	←	학교 호감도	0.99	.02	56.25***	.96
학교 호감도1	←	학교 호감도	.96	.02	52.97***	.95
마을 호감도3	←	마을 호감도	1			.97
마을 호감도2	←	마을 호감도	1.02	.01	72.95***	.97
마을 호감도1	←	마을 호감도	.99	.02	61.11***	.94

학교 환경	←	학교교육 만족도	1			.91
교사의 자질	←	학교교육 만족도	.91	.03	33.04***	.84
교수학습 활동	←	학교교육 만족도	1.02	.03	40.78***	.91
교과외 활동	←	학교교육 만족도	1.06	.02	45.98***	.95
교육 결과	←	학교교육 만족도	1.04	.02	45.61***	.95

***p <.001

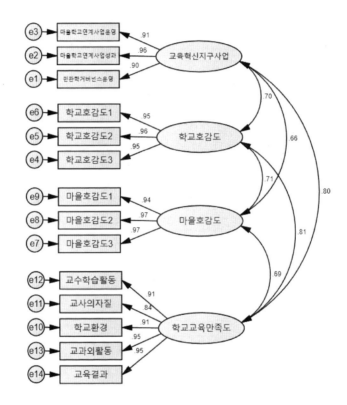

[그림 IV-5] 측정모형(학부모)

<표 IV-29> 측정모형의 적합도 지수

	χ^2	df	p	TLI	CFI	RMSEA(90% 신뢰구간)
측정모형	477.210	71	.000	.963	.971	.090(.082~.097)

4) 연구모형 검증

연구모형의 적합도 확인 결과 TLI와 CFI가 .963, .971로 양호한 적합도를 보이고 RMSEA는 .090(90% CI: .082~.097)으로 보통의 적합도를 나타내었다. 결과는 <표 Ⅳ-30>에 제시하였다.

<표 Ⅳ-30> 연구모형의 적합도 지수

	x^2	df	p	TLI	CFI	RMSEA(90% 신뢰구간)
연구모형	477.210	71	.000	.963	.971	.090(.082~.097)

또한, 직접 경로의 유의도를 확인한 결과 교육혁신지구 사업에서 마을 호감도(β =.66, p<.001), 학교 호감도(β =.40, p<.001), 학교교육 만족도(β =.42, p<.01)로 가는 직접경로가 유의미하였다. 또한 학교 호감도에서 학교교육 만족도(β =.46, p<.001)로 가는 직접경로, 마을 호감도에서 학교 호감도(β =.45, p<.001)로 가는 경로, 마을 호감도에서 학교교육 만족도(β =.09, p<.05)로 가는 경로 모두 유의미하였다. 연구모형에서 잠재변인 간의 직접경로 경로계수는 <표 Ⅳ-31>에 제시하였다.

<표 Ⅳ-31> 연구모형의 경로계수

			비표준화 계수	S.E.	C.R.	표준화 계수
마을 호감도	←	교육혁신지구 사업	.66	.03	20.19***	.66
학교 호감도	←	교육혁신지구 사업	.37	.03	11.29***	.40
학교교육 만족도	←	교육혁신지구 사업	.34	.03	12.92***	.42
학교교육 만족도	←	학교 호감도	.41	.03	13.18***	.46
학교 호감도	←	마을 호감도	.40	.03	12.72***	.45
학교교육 만족도	←	마을 호감도	.07	.03	2.74**	.09

***p<.001, **p<.01

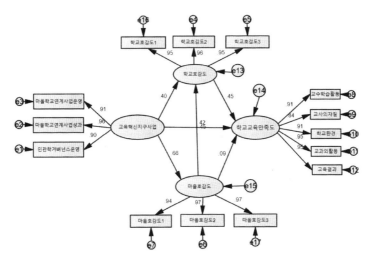

[그림 Ⅳ-6] 연구모형(학부모)

5) 최종 모형 매개효과 검증

가) 총효과 분해

최종모형에서 교육혁신지구 사업이 학교교육 만족도에 영향력을 미치는데 학교 호감도와 마을 호감도의 관계를 직접효과, 간접효과로 분해하여 살펴보았다. 그 결과를 <표 Ⅳ-32>에 제시하였다.

교육혁신지구 사업은 학교 호감도에 .37(p<.01)의 직접효과, .27(p<.01)의 간접효과를 나타내었다. 그리고 학교교육 만족도에는 .34(p<.01)의 직접효과, .30(p<.01)의 간접효과를 나타내었다. 그리고 교육혁신지구 사업은 마을 호감도에 .66(p<.01)의 직접효과를 나타내었다. 또한 학교 호감도는 학교교육 만족도에 .41(p<.01)의 직접효과를 나타내었고, 마지막으로 마을 호감도는 학교교육 만족도에 .07(p<.05)의 직접효과, .17(p<.01)

의 간접효과를 나타내었다.

나) 매개효과 검증

최종적으로 선택된 구조모형에 포함된 매개효과의 유의성을 검증하기 위해 부트스트랩 절차를 사용하였다. 검증한 간접효과의 통계적 유의성을 <표 Ⅳ-32>에 제시하였다.

<표 Ⅳ-32> 최종 구조모형의 효과 분해

경로			총효과	직접효과	간접효과 95%CI (하한계, 상한계)
교육혁신 지구 사업	→ → 마을 호감도 →	학교 호감도	.63**	.37*	.27** (.21-.32)
	→ → 학교 호감도 → → 마을 호감도 → → 마을 호감도 → 학교 호감도 →	학교교육 만족도	.64**	.34**	.30** (.26-.35)
	→ 학교 호감도 →				.15** (.11-.19)
	→ 마을 호감도 →				.05* (.01-.08)
	→ 마을 호감도 → 학교 호감도 →				.11** (.08-.14)
	→	마을 호감도	.66**	.66**	
학교 호감도	→	학교교육 만족도	.41**	.41**	
마을 호감도	→ → 학교 호감도 →	학교교육 만족도	.23**	.07*	.17** (.12-.21)

***p<.001, **p<.01, *p<.05

교육혁신지구 사업에서 학교교육 만족도로 가는 간접효과는 교육
혁신지구 사업→학교 호감도→학교교육 만족도, 교육혁신지구 사업→
마을 호감도→학교교육 만족도, 교육혁신지구 사업→마을 호감도→학
교 호감도→학교교육 만족도로 가는 개별간접효과의 유의성을 나타내
지 못하므로 팬텀변수를 사용하는 부트스트랩방법을 사용하여 교육혁
신지구 사업에서 학교교육 만족도에 영향을 미치는 학교 호감도와
마을 호감도의 개별간접효과의 유의성을 검증하였다. 그 결과 학교
호감도, 마을 호감도에서 학교 호감도를 통해 영향을 미치는 간접효
과는 .01수준에서, 마을 호감도의 개별 간접효과 .05수준에서는 유의
한 것으로 나타났다.

즉, 교육혁신지구 사업은 학교 호감도, 마을 호감도를 통해 학교교육
만족도에 간접적으로 정적 영향을 미치고, 학교 호감도와 마을 호감도
의 이중매개를 통해 간접적으로 정적 영향을 미치는 것으로 나타났다.

다. 교사 분석결과

1) 변인에 대한 기술 통계치

기초 분석으로써 각 척도에 대한 평균, 표준편차, 왜도, 첨도를 구
하였다. 결과는 <표 Ⅳ-33>과 같다. 교육혁신지구 사업은 5점 기준에
평균이 민관학 거버넌스 운영 4.02로 가장 낮고 마을-학교 연계사업
운영이 4.44로 가장 높게 나타났으며 전체 평균은 4.26으로 나타났
다. 학교 호감도는 5점 기준에 평균이 4.26, 마을 호감도는 5점 기준
에 3.88로 나타났다. 직무 만족도는 5점 기준에 평균이 존중감 3.14
로 가장 낮고 동료애가 4.39로 가장 높게 나타났으며 전체 평균은

3.94로 나타났다.

  Finch와 West(1997)는 측정변수들이 왜도와 첨도의 절대 값이 각각 2와 7을 넘지 않을 때 정상분포 가정을 충족한다고 제언하였다. <표 Ⅳ-33>에 제시한 바와 같이 각 변인들의 왜도는 -1.95~.07의 범위 안에 있는 것으로 나타나 절댓값이 2를 넘는 변인들이 없으므로 정규성 가정이 충족되었다고 볼 수 있다. 첨도 또한 -.78~5.08의 범위 안에 포함되어 절댓값 7을 넘는 변인이 없으므로 일변량 정규성 가정을 충족시킨다고 볼 수 있다.

<표 Ⅳ-33> 주요 변수에 대한 기술 통계(N=330)

척도명	하위요인	평균	표준편차	왜도	첨도
교육혁신지구 사업	마을-학교 연계사업 운영	4.44	.69	-1.95	5.08
	마을-학교 연계사업 성과	4.31	.79	-1.57	3.17
	민관학 거버넌스 운영	4.02	.91	-.96	.98
	전체	4.26	.71	-1.41	2.71
학교 호감도		4.26	.82	-1.05	.58
마을 호감도		3.88	.97	-.55	-.44
직무 만족도	교직의식	4.18	.70	-.66	-.10
	존중감	3.14	.97	-.22	-.26
	발전성	4.24	.56	-.24	-.78
	동료애	4.39	.60	-.54	-.65
	인간관계	3.75	.84	-.34	-.42
	전체	3.94	.55	-.07	-.41

점수범위: 교육혁신지구 사업(1~5), 학교 호감도(1~5), 마을 호감도(1~5), 직무 만족도(1~5)

2) 변인들 간의 상관분석

각 변인들 간의 관계를 파악하기 위해서 상관분석을 실시하였다. <표 Ⅳ-34>에서 교육혁신지구 사업, 학교 호감도, 마을 호감도, 직무 만족도간의 상관관계를 보면, 교육혁신지구 사업은 학교 호감도 (r=.42, p<.01), 마을 호감도(r=.48, p<.01), 직무 만족도(r=.41, p<.01) 와 정적 상관을 나타내었다. 이는 교육혁신지구 사업 점수가 높을수록 학교 호감도, 마을 호감도, 직무 만족도의 점수가 높게 나타난다는 것을 알 수 있다. 학교 호감도는 마을 호감도(r=.63, p<.01), 직무 만족도(r=.58, p<.01)와 정적 상관을 나타내어 학교 호감도 점수가 높을수록 마을 호감도, 직무 만족도 점수가 높게 나타난다는 것을 알 수 있다. 또한 마을 호감도는 직무 만족도(r=.50, p<.01)와 정적 상관을 나타내어 마을 호감도 점수가 높을수록 직무 만족도 점수가 높게 나타남을 알 수 있다.

<표 Ⅳ-34> 주요 변인들의 상관계수 행렬(N=330)

	1	2	3	4	5	6	7	8	9	10	11	12
1	1											
2	.83**	1										
3	.60**	.64**	1									
4	.89**	.92**	.86**	1								
5	.42**	.39**	.33**	.42**	1							
6	.41**	.43**	.43**	.48**	.63**	1						
7	.27**	.28**	.25**	.30**	.41**	.32**	1					
8	.17**	.24**	.22**	.24**	.33**	.38**	.58**	1				
9	.30**	.30**	.30**	.34**	.34**	.25**	.51**	.25**	1			
10	.30**	.28**	.25**	.31**	.47**	.35**	.45**	.23**	.57**	1		
11	.35**	.36**	.30**	.38**	.61**	.51**	.48**	.59**	.31**	.41**	1	
12	.36**	.39**	.35**	.41**	.58**	.50**	.81**	.78**	.64**	.66**	.79**	1

$*p<*.01$, 1. 마을-학교 연계사업 운영, 2. 마을-학교 연계사업 성과, 3. 민관학 거버넌스 운영,
4. 교육혁신지구 사업 전체 5. 학교 호감도, 6. 마을 호감도, 7. 교직의식, 8. 존중감,
9. 발전성, 10. 동료애, 11. 인간관계, 12. 직무 만족도 전체

3) 측정모형 검증

앞서 측정변수들의 기술적 통계에서 자료 분포의 정규성이 확인되었으므로 Anderson과 Gerbing(1988)의 제안에 따라 이 연구에서 설정한 구조모형 검증에 앞서 측정변인들이 잠재변인들을 얼마나 잘 측정하고 있는지를 알아보기 위해 측정모형을 검증하였다. 교육혁신

지구 사업의 직무 만족도에 대한 영향요인의 확인적 요인분석을 통한 측정모형의 적합도와 경로계수의 검증결과는 <표 Ⅳ-35>, <표 Ⅳ-36>, <그림 Ⅳ-7>에 제시하였다. 분석결과 4개의 변인간의 관계는 모두 유의미한 것으로 나타났으며, 측정모형의 적합도 또한 TLI=.927, CFI=.943, RMSEA=.096(90% CI: .084∼.107)로 적합도 지수가 양호한 수준으로 나타났다. 따라서 이 연구에서 설정한 측정모형은 수용 가능한 것으로 판단할 수 있다.

측정모형의 신뢰도와 타당도를 분석하기 위해 각 측정변인의 잠재변인에 대한 유의성을 판단하고자 요인부하량을 확인하였다. 측정변인의 유의성을 확인하기 위해서 비표준화 계수의 C.R.값을 살펴보는데 C.R.값은 ±1.96 이상이면 유의수준 5%에서 유의하며 ±2.58이상이면 1% 수준에서 유의한 것으로 볼 수 있다. 본 연구에서 모든 측정변인이 1% 수준에서 유의한 것으로 나타났다.

한편, 각각의 경로계수마다 비표준화 계수, 표준화 계수, 표준오차(S.E), 임계치(C.R: Critical Ratio)가 나타나 있는데, 이때의 경로계수는 회귀계수 또는 요인부하량과 같은 의미를 가지고 있다. <표 Ⅳ-35>에 나타난 것처럼 잠재변인을 설명하고 있는 측정변인들의 요인 값은 교육혁신지구 사업은 .69∼.93, 학교 호감도는 .92∼.94, 마을 호감도는 .94,∼.96, 직무 만족도는 .57∼.76으로 모두 유의미한 것으로 나타나 측정변수들이 이론적 개념(잠재변수)을 잘 반영하고 있음을 알 수 있다.

<그림 Ⅳ-7>을 보면 모든 경로계수는 유의했으며 요인 간 상관계수는 .45~.69로 나타나 적당한 관계성의 가정을 충족시키고 있는 것을 알 수 있다. 이로써 본 연구의 연구모형의 각 개념변수(잠재변수)들을 측정하기 위해 설정된 측정변수들이 충분한 수렴적 타당성을 가지며, 개념변수들 간에도 충분한 변별성을 가지는 것으로 나타나 구조모형 추정가능성이 확인되었다.

<표 Ⅳ-35> 측정모형의 요인 값

측정변인		잠재변인	비표준화 계수	S.E.	C.R.	표준화 계수
민관학 거버넌스 운영	←	교육혁신지구 사업	1			.69
마을-학교 연계사업 성과	←	교육혁신지구 사업	1.17	.08	14.65***	.93
마을-학교 연계사업 운영	←	교육혁신지구 사업	.99	.07	14.52***	.89
학교 호감도3	←	학교 호감도	1			.93
학교 호감도2	←	학교 호감도	.99	.03	31.26***	.94
학교 호감도1	←	학교 호감도	1.07	.04	29.30***	.92
마을 호감도3	←	마을 호감도	1			.96
마을 호감도2	←	마을 호감도	.99	.03	37.23***	.95
마을 호감도1	←	마을 호감도	.93	.03	35.21***	.94
발전성	←	직무 만족도	1			.57
존중감	←	직무 만족도	1.94	.23	8.59***	.64
교직의식	←	직무 만족도	1.59	.17	9.24***	.72
동료애	←	직무 만족도	1.16	.14	8.36***	.61
인간관계	←	직무 만족도	2.01	.21	9.50***	.76

***$p < .001$

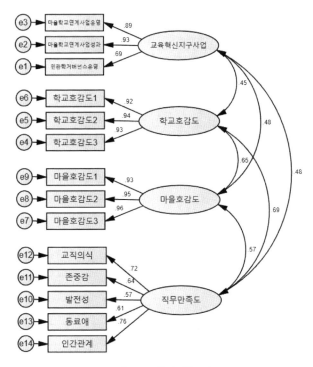

[그림 Ⅳ-7] 측정모형(교사)

<표 Ⅳ-36> 측정모형의 적합도 지수

	χ^2	df	p	TLI	CFI	RMSEA(90% 신뢰구간)
측정모형	284.384	71	.000	.927	.943	.096(.084~.107)

4) 연구모형 검증

연구모형의 적합도 확인 결과 TLI와 CFI가 .927, .943으로 양호한 적합도를 보이고 RMSEA는 .096(90% CI: .084~.107)으로 보통의 적합도를 나타내었다. 결과는 <표 Ⅳ-37>에 제시하였다.

<표 IV-37> 연구모형의 적합도 지수

	x^2	df	p	TLI	CFI	RMSEA(90% 신뢰구간)
연구모형	284.384	71	.000	.927	.943	.096(.084~.107)

또한, 직접 경로의 유의도를 확인한 결과 교육혁신지구 사업에서 마을 호감도(β =.48, p<.001), 학교 호감도(β =.18, p<.001), 직무 만족도(β =.18, p<.01)로 가는 직접경로는 유의미하였다. 또한 학교 호감도에서 직무만족도(β =.51, p<.001)로 가는 직접경로, 마을 호감도에서 학교 호감도(β =.56, p<.001)로 가는 경로, 마을 호감도에서 직무만족도(β =.15, p<.05)로 가는 경로 모두 유의미하였다. 연구모형에서 잠재변인 간의 직접경로 경로계수는 <표 IV-38>에 제시하였다.

<표 IV-38> 연구모형의 경로계수

			비표준화 계수	S.E.	C.R.	표준화 계수
마을 호감도	←	교육혁신지구 사업	.74	.09	7.95***	.48
학교 호감도	←	교육혁신지구 사업	.23	.07	3.43***	.18
직무 만족도	←	교육혁신지구 사업	.15	.05	2.99**	.18
직무 만족도	←	학교 호감도	.33	.05	6.88***	.51
학교 호감도	←	마을 호감도	.45	.04	10.68***	.56
직무 만족도	←	마을 호감도	.08	.04	2.17*	.15

***p<.001, **p<.01, *p<.05

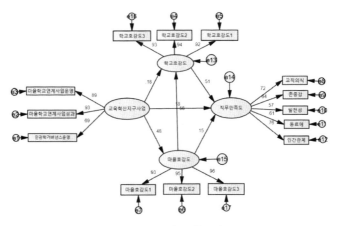

[그림 Ⅳ-8] 연구모형(교사)

5) 최종 모형 매개효과 검증

가) 총효과 분해

최종모형에서 교육혁신지구 사업이 직무 만족도에 영향력을 미치는데 학교 호감도와 마을 호감도의 관계를 직접효과, 간접효과로 분해하여 살펴보았다. 그 결과를 <표 Ⅳ-39>에 제시하였다.

결과 교육혁신지구 사업은 학교 호감도에 .23(*p*<.01)의 직접효과, .33(*p*<.01)의 간접효과를 나타내었다. 그리고 직무만족도에는 .15(*p*<.01)의 직접효과, .24(*p*<.01)의 간접효과를 나타내었다. 그리고 교육혁신지구 사업은 마을 호감도에 .74(*p*<.01)의 직접효과를 나타내었다. 또한 학교 호감도는 직무 만족도에 .33(*p*<.01)의 직접효과를 나타내었고, 마지막으로 마을 호감도는 직무 만족도에 .15(*p*<.05)의 간접효과를 나타내었고, 마을 호감도가 직무 만족도에 미치는 직접효과는 .09(*p*<.05)로 유의하지 않은 것으로 나타났다.

나) 매개효과 검증

최종적으로 선택된 구조모형에 포함된 매개효과의 유의성 검증하기 위해 부트스트랩 절차를 사용하였다. 검증한 간접효과의 통계적 유의성을 <표 Ⅳ-39>에 제시하였다.

<표 Ⅳ-39> 최종 구조모형의 효과 분해

경로			총효과	직접효과	간접효과 95%CI (하한계, 상한계)
교육혁신 지구 사업	→ → 마을 호감도 →	학교 호감도	.56**	.23*	.33** (.24-.46)
	→ → 학교 호감도 → → 마을 호감도 → → 마을 호감도 → 학교 호감도 →	직무 만족도	.39**	.15**	.24** (.18-.32)
	→ 학교 호감도 →				.08** (.03-.14)
	→ 마을 호감도 →				.06 (.00-.12)
	→ 마을 호감도 → 학교 호감도 →				.11** (.07-.17)
	→	마을 호감도	.74**	.74**	
학교 호감도	→	직무 만족도	.33**	.33**	
마을 호감도	→ → 학교 호감도 →	직무 만족도	.23**	.09	.15** (.10-.21)

***p<.001, **p<.01, *p<.05

교육혁신지구 사업에서 직무 만족도로 가는 간접효과는 교육혁신지구 사업→학교 호감도→직무 만족도, 교육혁신지구 사업→마을 호감도→직무 만족도, 교육혁신지구 사업→마을 호감도→학교 호감도→

직무 만족도로 가는 개별간접효과의 유의성을 나타내지 못하므로 팬 텀변수를 사용하는 부트스트랩 방법을 사용하여 교육혁신지구 사업에서 직무 만족도에 영향을 미치는 학교 호감도와 마을 호감도의 개별 간접효과의 유의성을 검증하였다. 결과 학교 호감도와 마을 호감도에서 학교 호감도를 통해 영향을 미치는 간접효과는 .01수준에서 유의한 것으로 나타났으나, 마을 호감도의 개별 간접효과는 유의하지 않은 것으로 나타났다.

즉, 교육혁신지구 사업은 학교 호감도를 통해 직무 만족도에 간접적으로 정적 영향을 미치고, 학교 호감도와 마을 호감도의 이중매개를 통해 간접적으로 정적 영향을 미치는 것으로 나타났다.

라. 전반적인 만족도 분석결과

1) 학부모

미추홀구 교육혁신지구에 대한 학부모의 전반적인 만족도를 조사하여 빈도분석하였다. 질문과 반응에 대한 결과는 아래 <표 IV-40>과 같다.

긍정응답을 중심으로 분석한 결과, 교육혁신지구 사업은 교육적으로 의미있는 사업(547명), 나를 부모로 성장하는데 도움(447명), 학교에 대한 만족도 증가(438명), 지역에 대한 만족도 증가(423명), 학부모 의견 반영하여 사업 진행(412명) 순으로 만족하는 것으로 응답하였다.

<표 Ⅳ-40> 학부모의 교육혁신지구에 대한 전반적인 만족도(N=712)

문항	전혀 그렇지 않다	그렇지 않다	보통 이다	그렇다	매우 그렇다	합계	긍정 응답
1) 교육혁신지구 사업은 교육적으로 의미 있는 일이라고 생각한다.	5 (0.7%)	8 (1.1%)	152 (21.3%)	271 (38.1%)	276 (38.8%)	712 (100%)	547 (76.9%)
2) 교육혁신지구 사업은 내가 부모로 성장하는 데 도움이 되었다.	8 (1.1%)	36 (5.1%)	221 (31.0%)	224 (31.5%)	223 (31.3%)	712 (100%)	447 (62.8%)
3) 교육혁신지구 사업은 학부모들의 의견을 잘 반영하여 진행되고 있다.	10 (1.4%)	36 (5.1%)	254 (35.7%)	206 (28.9%)	206 (28.9%)	712 (100%)	412 (57.8%)
4) 교육혁신지구 사업으로 학교에 대한 만족도가 높아졌다.	8 (1.1%)	44 (6.2%)	222 (31.2%)	224 (31.5%)	214 (30.1%)	712 (100%)	438 (61.6%)
5) 교육혁신지구 사업으로 지역에 대한 만족도가 높아졌다.	11 (1.5%)	44 (6.2%)	234 (32.9%)	216 (30.3%)	207 (29.1%)	712 (100%)	423 (59.4%)

2) 교사

미추홀구 교육혁신지구에 대한 교사의 전반적인 만족도를 조사하여 빈도분석 하였다. 질문과 반응에 대한 결과는 이래 <표 Ⅳ-41>과 같다.

긍정응답을 중심으로 분석한 결과, 교육혁신지구 사업은 교육적으로 의미있는 사업(291명), 교원 의견 반영하여 사업 진행(258명), 지역에 대한 만족도 증가(249명), 나를 교사로 성장하는데 도움(245명), 학교에 대한 만족도 증가(244명) 순으로 만족하는 것으로 응답하였다.

<표 Ⅳ-41> 교사의 교육혁신지구에 대한 전반적인 만족도(N=330)

문항	전혀 그렇지 않다	그렇지 않다	보통 이다	그렇다	매우 그렇다	합계	긍정 응답
1) 교육혁신지구 사업은 교육적으로 의미 있는 일이 라고 생각한다.	1 (.3%)	5 (1.5%)	33 (10.0%)	105 (31.8%)	186 (56.4%)	330 (100%)	291 (88.2%)
2) 교육혁신지구 사업은 내가 교사 로 성장하는 데 도움이 되었다.	3 (.9%)	14 (4.2%)	68 (20.6%)	110 (33.3%)	135 (40.9%)	330 (100%)	245 (74.2%)
3) 교육혁신지구 사업은 교원들의 의 견을 잘 반영하여 진행되고 있다.	2 (.6%)	14 (4.2%)	56 (17.0%)	120 (36.4%)	138 (41.8%)	330 (100%)	258 (78.2%)
4) 교육혁신지구 사업 으로 교사들의 학 교에 대한 만족도 가 높아졌다.	1 (.3%)	19 (5.8%)	66 (20.0%)	113 (34.2%)	131 (39.7%)	330 (100%)	244 (73.9%)
5) 교육혁신지구 사 업으로 지역에 대 한 만족도가 높아 졌다.	3 (.9%)	13 (3.9%)	65 (19.7%)	117 (35.5%)	132 (40.0%)	330 (100%)	249 (75.5%)

마. 시즌Ⅱ 요구 분석결과

1) 학부모

시즌Ⅱ를 위한 학부모의 요구를 알기 위해 '교육혁신지구 사업 운영 시, 학교나 교육지원청에서 강조해야할 것은 무엇이라 생각하시는지요? 가장 강조해야할 것을 3가지 고르세요.'라는 질문으로 조사하였다. 반 응에 대한 결과는 아래 <표 Ⅳ-42>와 같다. 결과 분석은 응답자 중 3 개 이하를 선택하거나 3개 이상 선택한 것을 포함하여 실시하였다.

분석 결과 교육혁신지구 사업 운영 시, 학교나 교육지원청에서 강조해야 할 것으로 학부모들은 교육주체(교사, 학생, 학부모)의 요구를 반영한 프로그램(535명), 교원 전문성 신장을 위한 전문적 학습공동체 운영(352명), 지역 특색에 맞는 마을연계 교육과정 운영(308명), 지역사회(혹은 학부모)·구청·교육청·학교간의 협력체제 구축(297명), 교육혁신지구 사업에 대한 홍보(265명), 학부모 학교 참여(54명), 마을 교육 공동체 구축(135명), 교원의 행정업무 경감(131명) 순으로 중요하게 생각하는 것으로 응답하였다.

<표 Ⅳ-42> 학부모의 교육혁신지구 사업 운영 시,
학교나 교육지원청에서 강조해야 할 것에 대한 다중응답 분석

		자녀의 학교급학년			합계
		초	중	초·중	
1	교육혁신지구 사업에 대한 홍보	203명	48명	14명	265명
		76.6%	18.1%	5.3%	36%
2	교육주체(교사, 학생, 학부모)의 요구를 반영한 프로그램	412명	101명	22명	535명
		77.0%	18.9%	4.1%	72%
3	교원 전문성 신장을 위한 전문적 학습공동체 운영	268명	63명	21명	352명
		76.1%	17.9%	6.0%	48%
4	교원의 행정업무 경감	95명	25명	11명	131명
		72.5%	19.1%	8.4%	18%
5	지역 특색에 맞는 마을연계 교육과정 운영	239명	59명	10명	308명
		77.6%	19.2%	3.2%	42%
6	지역사회(혹은 학부모)·구청·교육청·학교간의 협력체제 구축	227명	49명	21명	297명
		76.4%	16.5%	7.1%	40%
7	학부모 학교 참여	116명	30명	8명	154명
		75.3%	19.5%	5.2%	21%
8	마을 교육 공동체 구축	110명	18명	7명	135명
		81.5%	13.3%	5.2%	18%
	합	567	131	38	736명

9. 기타 응답
· 분석 결과 공유
· 학생의 건강.(쉬는 시간)
· 급식 미흡. 체육시간 미흡. 축제 미흡
· 직장맘은 참여할 수 없음

2) 교사

시즌Ⅱ를 위한 교사의 요구를 알기 위해 '교육혁신지구 사업 운영 시, 학교나 교육지원청에서 강조해야 할 것은 무엇이라 생각하시는지 요? 가장 강조해야 할 것을 3가지 고르세요.'라는 질문으로 조사하였 다. 반응에 대한 결과는 아래 <표 Ⅳ-43>과 같다. 결과 분석은 응답 자 중 3개 이하를 선택하거나 3개 이상 선택한 것을 모두 포함하여 실시하였다.

분석 결과 교육혁신지구 사업 운영 시, 학교나 교육지원청에서 강 조해야 할 것으로 교사들은 교원의 행정업무 경감에 가장 많은 응답 (273명)을 하였다. 다음으로 교육주체(교사, 학생, 학부모)의 요구를 반영한 프로그램(266명), 지역 특색에 맞는 마을연계 교육과정 운영, 민관학 협력체제 구축(183명), 교원 전문성 신장을 위한 전문적 학습 공동체 운영(99명), 교육혁신지구 사업에 대한 홍보(78명), 민관학 협 력체제 구축(72명), 마을 교육 공동체 구축(67명), 학부모 학교 참여 (13명) 순으로 중요하게 생각하는 것으로 응답하였다.

<표 IV-43> 교사의 교육혁신지구 사업 운영 시, 학교나 교육지원청에서 강조해야 할 것에 대한 다중응답 분석

문항	학교급		성별		정책			담임		경력				합계
	초	중	남	여	일반	부장	기타	담임	비담임	10년 이하	11년 ~20년	21년 ~30년	31년 이상	
1. 교육혁신지구 사업에 대한 홍보	63명 80.8%	15명 19.2%	36명 46.2%	42명 53.8%	49명 62.8%	28명 35.9%	1명 1.3%	64명 82.1%	14명 17.9%	33명 42.3%	27명 34.6%	15명 19.2%	3명 3.8%	78명 22%
2. 교육주체(교사, 학생, 학부모)의 요구를 반영한 프로그램	188명 70.7%	78명 29.3%	68명 25.6%	198명 74.4%	174명 65.4%	81명 30.5%	11명 4.1%	206명 77.4%	60명 22.6%	97명 36.5%	86명 32.3%	52명 19.5%	31명 11.7%	266명 74%
3. 교원 전문성 신장을 위한 전문적 학습공동체 운영	73명 73.7%	26명 26.3%	26명 26.3%	73명 73.7%	74명 74.7%	21명 21.2%	4명 4.0%	80명 80.8%	19명 19.2%	38명 38.4%	31명 31.3%	17명 17.2%	13명 13.1%	99명 28%
4. 교원의 행정업무 경감	189명 69.2%	84명 30.8%	81명 29.7%	192명 70.3%	174명 63.7%	86명 31.5%	13명 4.8%	207명 75.8%	66명 24.2%	108명 39.6%	82명 30.0%	55명 20.1%	28명 10.3%	273명 76%
5. 지역 특색에 맞는 마을연계 교육과정 운영	134명 73.2%	49명 26.8%	42명 23.0%	141명 77.0%	108명 59.0%	61명 33.3%	14명 7.7%	137명 74.9%	46명 25.1%	57명 31.1%	56명 30.6%	38명 20.8%	32명 17.5%	183명 51%
6. 민·관·학 협력체제 구축	46명 63.9%	26명 36.1%	23명 31.9%	49명 68.1%	40명 55.6%	27명 37.5%	5명 6.9%	51명 70.8%	21명 29.2%	29명 40.3%	19명 26.4%	15명 20.8%	9명 12.5%	72명 20%
7. 학부모 학교 참여	7명 53.8%	6명 46.2%	8명 61.5%	5명 38.5%	9명 69.2%	2명 15.4%	2명 15.4%	12명 92.3%	1명 7.7%	6명 46.2%	3명 23.1%	1명 7.7%	3명 23.1%	13명 4%
8. 마을 교육 공동체 구축	45명 67.2%	22명 32.8%	18명 26.9%	49명 73.1%	32명 47.8%	25명 37.3%	10명 14.9%	46명 68.7%	21명 31.3%	21명 31.3%	20명 29.9%	17명 25.4%	9명 13.4%	67명 19%
합	254명	106명	103명	257명	227명	113명	20명	275명	85명	133명	112명	71명	44명	360명

*응답자 중 3문항 이하, 3문항 이상 선택한 것을 모두 포함하여 분석함.

9. 기타 응답

· 자율적 희망에 의한 운영, 예산사용의 자유로움 필요.
· 교사의 자율성 신장(예-주무 결재 후 마을 체험 가능).
· 구성 및 프로그램을 만드는 일은 교육청이나 외부에서 하고 교사는 그것을 활용해야 하는데 인원 구성, 프로그램 구성 모든 것을 교사에게 맡기면 잡무가 되는 것 같습니다.
· 민, 관, 학 협력체제 다가지나보다는 지나치게 학교 중심임. 업무가 철저히 분장되어야 함.
· 수준별, 연령별 특성에 맞는 인프라 제공필요, 정보가 부족합니다.

· 학교에 대한 학부모의 긍정적 생각.
· 무의미한 행정업무 줄일 경우.

V

결론 및 정책 제안

1. 미추홀구 교육혁신지구 성과

미추홀구 교육혁신지구의 성과는 '모두가 행복한 미추홀 교육, 가고 싶은 학교 살고 싶은 마을'이라는 비전과 '교육자치와 일반자치의 연대'라는 목표에 대한 달성도를 검증하여야 한다. 그러나 인천의 교육혁신지구 사업은 성과분석을 위한 체계적 관리가 되지 않아서 타당하고 신뢰할 수 있는 성과분석이 불가능한 상황이었다. 교육혁신지구는 성과 관리차원에서 단계별 목표나 성취기준 등이 없기에 사업에 대한 평가가 될 수 없었고, 집단비교 검증을 위한 사전검사도 없는 상태였다.

이러한 상황을 극복하기 위해 이 연구에서는 첫째, 김종민(2018)의 연구를 바탕으로 교육혁신지구 사업을 측정할 수 있는 척도를 타당화하였다. 둘째, 학교와 마을호감도, 학생의 행복과 역량, 주민(학부모)의 학교만족도, 교사의 직무만족도와 같은 비전과 목표의 관련변인을 선정하였다. 셋째, 미추홀구 교육혁신지구 사업이 비전과 목표의 관련변인인 학교와 마을호감도, 학생의 행복과 역량, 주민(학부모)의 학교만족도, 교사의 직무만족도에 어떠한 영향을 미쳤는가를 구조방정식으로 검증하는 인과관계 분석을 실시하였다. 넷째, 질적연구를 통해 마을 사람들의 목소리를 들었다.

이 연구에서는 연구결과를 바탕으로 미추홀구 교육혁신지구의 성과에 대해 다음과 같이 결론 지을 수 있었다.

첫째, 미추홀구 교육혁신지구 사업을 통해 '**가고 싶은 학교, 살고 싶은 마을**'이 **미추홀구에서 실현**되고 있다.

학생들의 62.4%는 가능한 마을에 오랫동안 살고 싶다고 하였고, 주민과 교사 각각 59.4, 75.5%는 지역에 대한 만족도가 높아졌으며, 주민과 교사 각각 58.7, 81.2%는 마을공동체의식이 높아졌다고 응답하였다. 이 연구에서 실시한 FGI 결과, 학생은 다양하고 수준 높은 체험활동에 만족하고 학부모와 마을활동가와 같은 주민들은 **지역교육에 대한 만족도, 정주의식, 마을에 대한 애정이 높아졌다**. 또한, 학생과 주민들은 마을에 대한 신뢰 회복, 소속감, 자긍심을 느끼고, 학교와 마을을 마을교육공동체로 인식하는 등 **마을에 대한 공동체의식이 형성**되는 모습을 확인하였다. 실제로 이 연구에서 상정한 구조모형을 검증한 결과, 미추홀구 교육혁신지구 사업은 학생, 학부모, 교사의 **학교 호감도와 마을 호감도**에 통계적으로 유의한 긍정적 영향을 미친다는 것이 검증되었다.

이는 '가고 싶은 학교, 살고 싶은 마을'이라는 미추홀구 교육혁신지구
의 비전과 밀접한 관련이 있는 것으로 **가고 싶은 학교, 살고 싶은 마을
이 바로 우리 마을**이라는 것을 미추홀구 사람들은 잘 알고 있었다.

둘째, 미추홀구 교육혁신지구 사업을 통해 **모두가 행복한 미추홀
교육**이 실현되고 있다.

학생의 68.8%는 나는 행복한 사람이라고 생각하고, 학부모와 교사
각각 61.6, 73.9%는 학교에 대한 만족도가 높아졌으며, 교사의 각각
75.7, 74.9%는 교직생활에 보람과 자부심을 느낀다고 하였다. 이 연
구에서 실시한 FGI 결과, 미추홀구 교육혁신지구 사업이 학생에게는
다양하고 수준 높은 체험활동을 통해 학생의 행복감이 증진되었고,
학부모에게는 학교와 미추홀구의 교육에 대한 만족도가 상승하였으
며, 교사에게는 업무의 부담을 느끼면서도 학생들의 교육적 만족감으
로 인해 보람을 느낀다는 것을 확인하였다. 실제로 이 연구에서 상정
한 구조모형을 검증한 결과, 미추홀구 교육혁신지구 사업이 **학생의
행복감, 학부모의 학교 만족도, 교사의 직무만족도**에 통계적으로 유
의한 긍정적 영향을 미친다는 것이 검증되었다.

이는 미추홀구 교육혁신지구의 비전과 관련이 있는 것으로 모두가
행복한 인천교육이 교육혁신지구 사업을 통해 실현되었다는 것이 의
미 있다고 할 수 있다.

셋째, 미추홀구 교육혁신지구 사업을 통해 **교육자치와 일반자치의 연대를 넘어 민관학 거버넌스가 실현**되고 있다.

주민 53.7%, 교사 73.6%는 민관학의 소통이 원활하다 하였고, 교사 86.3%는 학교와 지역사회가 더 많이 소통하게 되었다고 하였다. 이 연구에서 실시한 FGI 결과, 미추홀구 교육혁신지구 사업의 성과로 교육청과 미추홀구청 관계자는 교육(지원)청과 미추홀구청의 원활한 협력관계를 언급하였고, 학생, 학부모, 마을교육활동가, 교육청과 미추홀구청 관계자는 마을교육공동체로서의 공동체의식 형성을 언급하며 교육자치와 일반자치의 연대를 높이 평가하는 모습을 확인하였다. 실제로 이 연구에서 타당화한 '교육혁신지구사업' 척도 요인분석 결과, '민관학 거버넌스 운영'이 하위요인으로 검증되었다.

이는 미추홀구 교육혁신지구 사업의 목표와 관련이 있는 것으로 교육혁신지구 사업의 지속가능성에 대한 중요한 지표라고 할 수 있다.

넷째, 미추홀구 교육혁신지구 사업을 통해 **'삶의 힘이 자라는 우리 인천교육'이 미추홀구에서 실현**되고 있다.

주민 62.8%, 교사 74.2%는 교육혁신지구 사업이 자신을 성장하게 하였다고 응답하였다. 이 연구에서 실시한 FGI 결과, 교사의 수업이 변화되고, 학생이 민주시민으로 성장하며, 주민인 학부모와 마을교육활동가가 마을교육에 적극 참여하고, 교육(지원)청과 지자체는 교육자치와 일반자치의 협치를 가능하게 하는 등 마을 사람들이 질적으로 성장하는 모습을 확인하였다. 실제로 이 연구에서 상정한 구조모형을 검증한 결과, 교육혁신지구 사업은 학생의 역량에 통계적으로 유의한 긍정적 영향을 미친다는 것이 검증되었다.

이는 미추홀구 교육혁신지구의 새로운 비전과 관련이 있는 것으로 마을에서 삶의 힘이 자라게 되었다는 것은 시즌Ⅱ의 매우 중요한 방향성이라는 것에 의미 있다고 할 수 있다.

종합적으로 정리하면, 주민 76.9%, 교사의 88.2%는 교육혁신지구 사업은 의미 있는 일이라고 하였다. 특히, 교사의 76%는 교육혁신지구 사업으로 업무가 늘었음에도 의미 있다고 하였다.

미추홀구 교육혁신지구 사업은 마을과 학교가 마을교육공동체로 성장하여 그 비전과 목표를 달성하였다고 할 수 있다.

2. 미추홀구 교육혁신지구 시즌Ⅱ 정책 제안

이 연구의 목적은 미추홀구 교육혁신지구 시즌Ⅰ에 대한 성과를 분석하고 시즌Ⅱ의 정책 방향을 탐색하는 것이다. 따라서 이 연구에서의 정책 제안은 시즌Ⅰ에 대한 문제점과 한계점을 개선할 수 있는 시즌Ⅱ의 정책 방향을 제안하는 것이라 할 수 있다. 이 연구에서는 [그림 Ⅴ-1]과 같이 조직혁신을 위한 분석모델인 맥킨지의 7S 모델에 근거하여 시즌Ⅰ에 대한 문제점과 한계점을 분석하고, 시즌Ⅱ의 정책 방향을 제안하기 위한 설문분석을 실시하였다. 또한, 이 연구의 결과를 시즌Ⅱ 설계를 위한 민관학 협의체와 공유 및 협의하여 시즌Ⅱ의

실행 모형을 구안하였다. 연구결과를 반영하여 협의한 결과, 김용련 (2014)의 지역사회 기반 마을교육공동체 모형에 근거하여 미추홀구 교육혁신지구 시즌Ⅱ의 실행 모형을 [그림 Ⅴ-2]와 같이 구안하였다.

가. 문제점과 한계점 분석에 따른 시즌Ⅱ 정책 제안

첫째, **전략(Strategy) 차원에서 교육혁신지구 사업의 전략적 방향성을 구체화하는 것이 필요하다.** 미추홀구 교육혁신지구는 교육자치와 일반자치의 연대를 목표로 하고 있으나 무엇을 위해 연대를 해야 하는지에 대한 방향성은 불명확하다. 시즌Ⅰ에서는 연대 그 자체가 의미 있는 것이었다면 시즌Ⅱ에서는 연대에서 더 나아가 **마을교육공동체 활성화를 위한 방향성이 명확하게 제시**되는 것이 필요하다. 또한, 비전을 현재 인천교육의 비전과 연결하여 재설정하는 것이 필요하다. 따라서 시즌Ⅱ의 비전을 실행모형에 제안하였다.

둘째, **조직(Structure) 차원에서 마을교육공동체 관련 부서의 업무정비**가 필요하다. 2019.3.1.자 조직 개편으로 마을교육지원단과 마을교육지원센터가 신설되었으나 실제로는 학부모 사업과 마을교육공동체 사업의 통합이 미비하여 교육지원청 마을교육지원센터에서는 방향성이 모호하고 업무가 과다해졌다. 또한, 교육혁신지구 담당자들의 잦은 인사이동은 마을교육의 지속성을 저해하는 요인으로 작용하고 있다.

셋째, **시스템(System) 차원에서 교육혁신지구에 대한 체계적 성과관리**가 필요하다. 인천에서 교육혁신지구가 시작 된지 5년이 되었음에도 그 성과를 위한 체계적 관리가 되고 있지 못하다. 먼저 성과 관리 차원에서 단계와 영역별 목표를 설정하고 목표 달성에 대한 성취 기준을 설정하는 등 성과 관리를 위한 체계적 접근이 필요하다. 이러한 체계적 접근을 바탕으로, 횡단연구와 종단연구가 가능하도록 성과 관리 데이터가 누적되어야 한다. 더 나아가, 교육혁신지구가 다양한 교육의 변인에 어떠한 영향을 미치는지에 대한 인과관계 분석은 정책수립에 중요한 정보를 제공해 줄 것이다.

넷째, **공유 가치(Shared Value) 차원에서 민관학 거버넌스를 통한 소통의 장을 확대**하는 것이 필요하다. 시즌Ⅱ에 대한 요구조사 결과, 주민(학부모)의 72%, 교사의 74%는 교육혁신지구 프로그램을 구성할 때 교육주체의 요구를 반영하는 것에 높은 응답을 나타내었다. 또한, 이 연구에서 실시한 FGI 결과, 주민들은 민관학이 적극적으로 소통하고 협력할 수 있는 장을 확대할 것을, 학생들은 학생들의 의견을 적극 수용해 줄 것과 학생을 위한 프로그램을 지속적으로 개발해 줄 것을 요구하였다. 교육청과 구청에서는 민관학 거버넌스의 중요성을 언급하며 주민, 학생, 학부모, 교원, 행정실 직원 등 모든 구성원들의 인식개선을 위한 홍보와 연수를 강조하였다.

다섯째, **기술(Skill) 차원에서 지역 특색에 맞는 마을교육 자원의 발굴과 체계적 지원이** 필요하다. 시즌Ⅱ에 대한 요구조사 결과, 주민(학부모)의 42%, 교사의 51%는 마을교육이 지역의 특색을 반영할 것에 높은 응답을 나타내었다. 또한, 이 연구에서 실시한 FGI 결과, 주민들은 미추홀구만의 특화된 프로그램을 개발할 것을 요구하였고, 교사들은 지역 특색을 반영한 마을연계교육과정을 운영하기 위한 인적·물적 자원을 지원해 줄 것을 요구하였다.

여섯째, **구성원(Staff) 차원에서 교원의 전문성 신장과 행정업무 경감을 위한 노력**이 필요하다. 시즌Ⅱ에 대한 요구조사 결과, 주민(학부모)의 48%는 교원의 전문성 신장에, 교사의 76%는 행정업무 경감에 높은 응답을 나타내었다. 또한, 이 연구에서 실시한 FGI 결과, 주민들은 민관학의 소통을 위한 장이 확대될 것을 요구하나, 교사들은 행정업무 경감을 위한 제도적 지원이 필요하다고 하였다. 서로의 입장에 따라 다른 것을 요구하는 것으로 보이나 교원의 전문성 신장과 행정업무 경감은 매우 밀접한 관계성이 있기에 성공적인 시즌Ⅱ의 추진을 위해서 이에 대한 대책이 필요하다.

일곱째, **스타일(Style) 차원에서 즉각적이며 가시적으로 나타나는 성과 요구를 경계**할 필요가 있다. 교육적 성과를 예산 투입 대비 성과 산출의 패러다임으로 이해하고 요구하는 것은 교육의 비가시적이고 잠재적 특성을 고려할 때 교육의 본질을 왜곡하거나 파괴할 수 있기에 매우 경계해야 할 것이다. 다만, 교육적 성과에 대한 체계적 관리가 필요할 것이다.

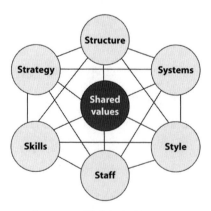

[그림 V-1] 조직혁신에 필요한 7가지 요인,
맥킨지 7S 모 델

나. 시즌Ⅱ 실행 모형 구안

첫째, 비전은 '골목골목까지 삶의 힘이 자라는 교육도시, 미추홀'이다. 이는 '골목골목'이라는 미추홀구의 특성과 삶의 힘을 자라게 하는 인천교육의 비전을 연계한 것으로 미추홀구는 교육도시로 발돋움할 것을 의미한다.

둘째, 목표는 단기적으로 학교와 마을을 잇는 교육 인프라를 구축하고, 장기적으로 마을교육공동체를 활성화하는 것에 있다. 이는 인적자원 발굴 및 양성을 통한 선순환 구조 확립이 마을교육공동체 활성화에 중요 요인이라는 평가를 반영한 것이다.

셋째, 추진과제는 학교공동체, 미추홀공동체, 교육 거버넌스 3개의 공동체로 구분하여 마을기반 공교육 혁신, 지역사회 배움과 나눔공동체 운영, 참여와 소통을 위한 민관학 거버넌스 운영으로 한다.

넷째, 세부사업은 민관학의 의견을 수렴하여 각 추진과제에 적절한 사업을 선정한다.

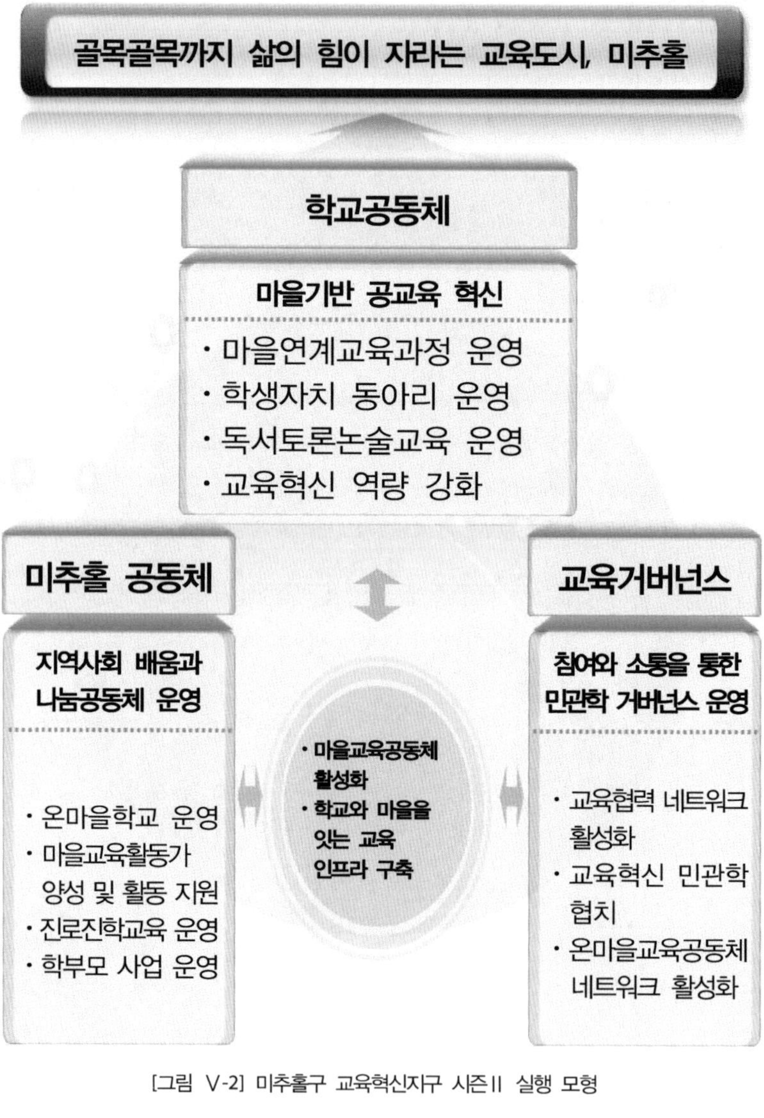

골목골목까지 삶의 힘이 자라는 교육도시, 미추홀

학교공동체

마을기반 공교육 혁신

· 마을연계교육과정 운영
· 학생자치 동아리 운영
· 독서토론논술교육 운영
· 교육혁신 역량 강화

미추홀 공동체

**지역사회 배움과
나눔공동체 운영**

· 온마을학교 운영
· 마을교육활동가
  양성 및 활동 지원
· 진로진학교육 운영
· 학부모 사업 운영

· 마을교육공동체
  활성화
· 학교와 마을을
  잇는 교육
  인프라 구축

교육거버넌스

**참여와 소통을 통한
민관학 거버넌스 운영**

· 교육협력 네트워크
  활성화
· 교육혁신 민관학
  협치
· 온마을교육공동체
  네트워크 활성화

[그림 V-2] 미추홀구 교육혁신지구 시즌II 실행 모형

3. 연구의 함의

첫째, 이 연구는 **인천에서 시행된 첫 번째 교육혁신지구의 성과분석**
이라는 점에서 의미가 있다. 미추홀구 교육혁신지구는 2015년 1월 인
천에서 처음으로 선정되어 운영된 교육혁신지구이다. 시즌 I을 평가하
고 시즌 II를 준비하는 상황에서 미추홀구 교육혁신지구의 성과분석은
향후 타 교육혁신지구의 성과분석과 시즌 II 설계의 기초가 될 것이다.

둘째, **'교육혁신지구 사업' 척도를 개발**하였다는 점에서 의미가 있
다. 인천에서 교육혁신지구 사업이 5년째 지속되었으나 성과분석 등
관련 연구가 매우 미비한 상황이다. 이는 교육혁신지구 사업을 측정
할 수 있는 변인과 척도가 타당화되어 있지 않았기 때문이다. 이 연
구에서는 교육혁신지구 사업의 방향성이 마을교육공동체 활성화에 있
다는 점에 근거하여 마을-학교 연계사업 운영, 마을-학교 연계사업
성과, 민관학 거버넌스 운영으로 3요인으로 타당화함으로써 인과관계
검증을 가능하게 하였다. 또한, 교육혁신지구 사업에 대한 후속 연구
를 다양하게 하고, 미추홀구만이 아닌 타 교육혁신지구에 대한 성과
를 검증할 수 있는 기초를 마련하였다고 할 수 있다.

셋째, 이 연구는 **교육혁신지구 사업의 성과를 인과적 관계로 검증**
하였다는 점에서 의미가 있다. 마을교육공동체를 포함한 교육혁신지
구의 성과분석과 활성화 방안을 위한 연구(김종민, 2018; 2019)는 기
술 통계 분석만으로 인과적 결론을 도출하였다는 문제점이 있다. 김
종민(2018)은 인천광역시 교육혁신지구 성과분석에서 학생의 역량과
행복감을 기술 통계 분석만으로 교육혁신지구 사업의 성과와 관련이

있는 것으로 서술하였으나 역량과 행복감은 교육혁신지구 사업의 직접적 사업영역과는 거리가 있기에 교육혁신지구 사업의 효과 또는 인과적 결과인지 불명확하다고 할 수 있다. 즉, 역량과 행복감이 교육혁신지구의 기본 목표에 부합하는 것처럼 보일지라도 기술 통계만으로 인과적 결과를 단정 짓는 것은 지나친 일반화의 오류이다. 그러나, 이 연구에서는 교육혁신지구의 성과를 교육혁신지구 사업과 다른 변인간의 인과적 관계로 연구하였다. 이는 교육혁신지구 사업과 다른 변인간의 관계를 통해 교육에 대한 의미와 영향을 분석하고, 나아가 또 다른 변인과의 관계를 연구하여 지속적이고 확장 가능한 연구의 틀을 마련하였다.

넷째, 이 연구는 인천교육의 비전인 **학생 역량 강화**에 성과가 있다는 것을 **검증**하였다는 점에서 의미가 있다. 교육혁신지구 사업이 학생의 역량을 강화하는 인과적 관계의 구조모형 검증은 교육혁신지구 사업이 학생의 삶의 힘이 자라게 하는 인천교육의 비전을 성취하고 있음을 검증하였다는 점에서 의미가 있다.

다섯째, 이 연구는 **교육혁신지구 사업의 성과로 구조모형을 검증**하였다는 점에서 의미가 있다. 이 연구에서는 질적연구와 함께 김종민(2018)의 인천광역시 교육혁신지구 성과평가 지표를 개선하여 양적연구로써 교육혁신지구에 대한 변인들을 구조모형으로 구성하고 검증하였다. 특히, 학생, 학부모, 교사 각각의 구조모형을 검증함으로써 교육혁신지구 사업의 성과를 대상별로 구체화하였다. 이러한 연구는 국내에서 아직까지 이루어진 적이 없었다는 점에서 더 의미가 있다. 이 연구에서는 교육혁신지구 사업이 영향을 미치는 다양한 변인들을 구조적으로 검증하고 교육혁신지구 사업을 다차원적으로 탐색하였으며 인과관계를 밝혀내어 교육혁신지구 사업의 활성화를 위한 기초자료를 제공하였다.

여섯째, 이 연구는 **학교 호감도와 마을 호감도의 매개효과를 검증**하였다는데 의미가 있다. 학교 호감도와 마을 호감도는 학생의 행복과 역량, 학부모의 학교 만족도, 교사의 직무만족도에 직·간접적으로 긍정적 영향을 미친다는 것을 검증하였다. 미추홀구 교육혁신지구 사업은 학생, 학부모, 교사의 학교 호감도와 마을 호감도를 증진시키고, 교육혁신지구 사업을 통해 증진된 학교 호감도와 마을 호감도는 학생의 행복과 역량, 학부모의 학교 만족도, 교사의 직무만족도를 직·간접적으로 증진시키는 과정을 검증함으로써 교육혁신지구 사업을 통한 다른 변인에 대한 영향력을 이해할 수 있는 기초자료를 제공하였다.

참고문헌

강민정 외(2018). 혁신교육지구란? 학교혁신에서 돌봄까지. 맘에드림.

경기도교육청(2018). 혁신지구는 왜, 어떻게? : 경기도 교육혁신지구안내자료.

김성준(2019). 조직문화 통찰(우리 조직의 운영체제는 무엇인가). 클라우드 나인.

김성훈(2017), 마을교육공동체의 효과성과 활성화 방안에 관한 연구, 한국
　　외국어대학교 교육대학원, 석사학위논문

김영준, 라은종(2006). 교육행정부문의 BSC 모형 연구: 산업자원부 B2B
　　시범사업을 중심으로. 연세대학교 석사학위논문.

김영철 외(2016). 마을교육공동체 해외 사례 조사와 정책 방향 연구. 경기
　　도교육연구원.

김영철, 임진철, 장슬기(2017). 미래사회의 마을교육공동체 발전 방향. 경기
　　도교육 연구원

김용구 외(2019). 인천마을교육공동체 실태 분석 및 활성화 방안 연구. 인
　　천광역시교육청.

김용련 외 (2014). 경기도 혁신교육지구 사업 발전방향 연구. 경기도교육청.

김용련(2015). 지역사회 기반 교육공동체 구축 원리에 대한 탐색적 접근:
　　복잡성 과학, 사회적 자본, 교육 거버넌스 원리 적용을 중심으로. 한
　　국교육행정학회, 33(2), 259-287.

김종민 외(2018). 인천광역시 교육혁신지구 성과평가 지표 개발. 인천시교
　　육청 연구용역보고서.

김태은 외(2017). 지역사회가 운영하는 방과후학교 활성화 방안 연구. 인천
　　교육정책 연구소.

백병부(2014). 경기도 혁신교육지구 평가 연구. 수원: 경기도교육연구원.

서용선 외(2015). 마을교육공동체 개념 정립과 정책 방향 수립 연구. 경기
　　도교육연구원.

서울특별시교육청(2019). 서울형혁신교육지구 2단계 종합계획.

성열관 외(2016). 인천남구교육혁신지구 현황 분석 및 중장기 발전 방안 연구. 인천 광역시남부교육지원청 연구용역보고서.

손문숙(2019). 마을교육공동체 운영사례 연구: 인천광역시 미추홀구 온마을교육공동체를 중심으로. 한국교원대학교 학사학위논문.

손문숙(2019). 마을교육공동체 운영사례 연구: 인천광역시 미추홀구온마을교육공동체를 중심으로. 한국교원대학교 학사학위논문.

양준호 외(2015). 학교와 지역 간 마을 공동체 형성 방안 연구. 인천교육정책연구소.

양준호 외(2015). 학교와 지역 간 마을 공동체 형성 방안 연구. 인천교육정책연구소.

오혁진(2006). 지역공동체 평생교육의 개념과 성격에 관한 고찰. 평생교육학연구. 12(1), 53-80.

이경민(2018), 청소년의 위험요인 및 보호요인이 학업중단의식에 미치는 영향:-자아존중감, 행복감의 매개효과-, 서남대학교대학원, 박사학위논문

이미선(2015), 혁신학교와 일반학교의 청소년 핵심역량 비교, 전북대학교교육대학원, 석사학위논문

이성국(2012). 교원능력개발평가가 초등교사의 전문성 및 직무 만족도에 미치는 영향. 경인교육대학교 교육대학원 석사학위논문.

이혜숙(2018). 서울형 혁신교육지구사업의 발전 전략. 서울연구원 정책리포트.

이혜영, 양병찬, 김민, 김정원(2006). 교육복지투자우선지역 지원 사업 활성화를 위한 가정·학교·지역사회 연계 협력 강화 방안 연구, 한국교육개발원.

인천광역시교육청(2015). 2016 학교혁신 종합계획. 인천: 인천광역시교육청.

인천광역시교육청(2017). 2018 교육혁신지구 운영 기본 계획. 인천: 인천광역시교육청.

인천광역시교육청(2018). 2019 마을교육지원단 운영 계획.

인천광역시교육청(2019). 인천마을교육공동체 활성화 지원에 관한 조례.

인천광역시교육청(2019). 인천마을교육공동체 활성화 지원에 관한 조례. 제2조 제2항.

인천광역시남부교육청(2018). 2019 남부 교육혁신 기본 계획.

인천광역시남부교육청(2019). 2019 미추홀구 교육혁신지구 사업 운영 계획.

인천광역시남부교육청(2019). 2019 중구 교육혁신지구 사업 운영 계획.

인천광역시동부교육청(2019). 2019 남동구 교육혁신지구 사업 운영 계획.

인천광역시동부교육청(2019). 2019 연수구 교육혁신지구 사업 운영 계획.

인천광역시서부교육청(2019). 2019 계양구 교육혁신지구 사업 운영 계획.

인천광역시서부교육청(2019). 2019 교육혁신지구 사업 안내 PPT자료.

인천광역시서부교육청(2019). 2019 서구 교육혁신지구 사업 운영 계획.

정윤아(2019). 교사들의 마을교육공동체 운영 경험에 대한 질적 사례연구.
　　　이화여자대학교 대학원 석사학위논문.

정윤아(2019). 교사들의 마을교육공동체 운영 경험에 대한 질적 사례연구.
　　　이화여자대학교 대학원 석사학위논문.

조윤정, 이병곤, 김경미, 목정연(2016). 마을교육공동체 실천사례 연구: 시
　　　흥과 의정부를 중심으로. 경기도교육연구원.

최윤경(2018), 마을교육공동체 기반의 진로교육프로그램이 성인 전환기 지
　　　적장애학생들의 진로성숙도와 사회성 기술에 미치는 영향, 이화여
　　　자대학교 교육대학원, 석사학위논문

최은정(2017). 마을교육공동체 주제학습 운영 사례. 한국교원대학교 석사학
　　　위논문

하봉운(2017). 경기도 혁신교육지구 시즌 Ⅱ의 성과와 과제. 경기도: 교육발
　　　전연구 제33권 2호.

홍세희(2000). 구조 방정식 모형의 적합도 지수 선정기준과 그 근거. 한국
　　　심리학회지: 임상, 19(1), 161-177.

홍영란(2018). 전국 혁신교육지구 사업 현황 분석. 한국교육개발원.

Anderson, J. C., & Gerbing, D. W.(1988). An Updated Paradigm for Scale
　　　Development Incorporating Unidimensionality and Its Assessment.
　　　Journal of Marketing Research, 25(2), 186-192.

Finch, J. F., & West, S. G. (1997). The investigation of personality structure:
　　　Statistical models. Journal of Research in Personality, 31(4), 439-485.

Howe, David.(2013). Empathy : what it is and why it matters. Palgrave Macmillan. 이진경 역(2013). 공감의 힘 : 인간과 인간이 만드는 극적인 변화 = Power of the Empathy. 서울: 넥서스.

Kline, R. B. (1998). Principles and practices of structural equation modeling. New York. Guiford.

Martens, M. P.(2005). The use of structural equation moderling in counseling psychology research. The counseling Psychologist, 33(3), 269-298.

Shrout, P. E., & Bolger, N. (2002). Mediation in Experimental and Non experimental Studies: New Procedures and Recommendations. Psychological Methods, 7(4), 422-445.

부록

미추홀구 교육혁신지구
성과분석 요약

Ⅰ. 추진 현황

1. 사업 개요

　가. 비전: **모두가 행복한 미추홀구 교육, 가고 싶은 학교 살고 싶은 마을** 만들기
　나. 목표: 배움과 돌봄의 책임교육공동체로 **교육자치와 일반자치 연대 · 실현**

2. 단계별 추진 경과

분류	추진 경과
도입기 (2014-2015)	미추홀구 교육혁신지구선정(2014.12.22.) 미추홀구 교육혁신지구 업무협약(MOU) 체결(2015.1.15.) 미추홀구 교육혁신지구 한마음 축제 개최(2015.11.21.)
정착기 (2016)	미추홀구 교육혁신지구 사업설명회 및 부속합의(2016.1.) 미추홀구 교육혁신지구 교육감 및 교육장 학교방문 간담회(2016.4.~7.) 미추홀구 교육혁신지구 현황분석 및 중장기 발전방안연구(2016.11.4.) 제1회 미추홀구 온마을교육 대축제(2016.11.4.~11.6)
성장기 (2017)	미추홀구 교육혁신지구 사업 설명회 및 부속합의(2017.1.19./2017.2.1.) 민관학 거버넌스 워크숍 및 미추홀구 교육혁신지구 교육 포럼 (2017.5.23./2017.12.6.) 마을교육활동가 양성과정 운영(2017.10.17.~10.30.) 제2회 미추홀구 온마을교육 대축제(2017.11.3.~11.4)
안착기 (2018-2019)	미추홀구 교육혁신지구 사업 설명회 및 부속합의 (2018.1/2019.1.) 마을교육활동가 양성과정 운영(2018.1.4.~4.19.) 온마을교육공동체 교사아카데미 및 연구모임 운영 (2018.6.~12.) 제3회 미추홀구 온마을교육 대축제(2018.10.27.) 미추홀구 마을교육자원 검색시스템 구축(2019.1.) 2019 미추홀구 교육혁신지구 설명회 및 마을교육자원 박람회 (2019.1.) 민주적공동체성장프로그램 및 마술사프로젝트 운영 (2019.4.~12.)

마을연계형 학교운영위원회 모델학교 공모 운영 (2019.4.~12.)
학부모 마을교육 활동가 양성과정 운영(2019.4.~12.)
미추홀구 교육혁신지구 성과분석 및 평가(2019.6.~9.)
제4회 미추홀구 온마을교육 대축제(2019.10.19.) 및 오픈 컨퍼런스
(2019.10.15.)

3. 미추홀구 교육혁신지구 사업 주요 실적

정책지표	주요 실적
공교육 혁신	∙교육과정 지역화 - 마을연계교육과정 운영(초중35교)　　　- 마술사프로젝트(초중3교) - 교과연계마을학교 시범사업 운영(초중4교) - 마을교육활동가 연계 수업(초중14교) - 학생동아리(중55교, 176팀)　　　- 독서토론논술교육(초중35교) ∙수업력 강화 지원 - 늘배움장학환경 구축(3교)　　　- 수업협력강사 지원(초중15교) - 학생상담환경 지원(초중35교)　- 전문적학습공동체 지원(초중35교) ∙모니터링 및 일반화 - 교육혁신지구 사업 설명회(연1회) - 사업모니터링 및 마을연계교육과정 컨설팅(초중35교, 연1회 이상) - 운영 결과 보고서 발간(5회, 8종)　　　- 연구용역(2회)
민관교육 협력모델 운영	∙교육혁신 역량강화 - 교육공동체 각종 토론회 및 워크숍(13회) - 교육공동체 연수(62회)　　　- 교육혁신지구 선진지 탐방(4회) ∙마을연계형 학교운영위원회 모델 운영(초4교) ∙교육협력 네트워크 활성화 - 지역교육혁신협의회(25회) - 온마을교육대축제(4회,320부스,5,000여명) - 마을교육공동체 네트워크 워크숍(2회, 300여명) - 혁신교육지방정부협의회 참여(4회, 정기총회)
온마을교육 공동체 운영	∙미추홀구온마을학교 운영(6,000여명)∙교사아카데미, 연구모임(210명) ∙마을교육활동가 양성과정 운영(53회, 85명) ∙마을자원 검색 시스템 구축 운영(127개 자원 발굴)

Ⅱ. 포커스 그룹 인식분석

1. 연구방법: 참여자

영역	그룹	순번	소속	직위
민	그룹1	1	온마디활동가	마을교육활동가
		2	온마디활동가	마을교육활동가
	그룹2	3	초등학교	학부모
		4	중학교	학부모
학	그룹3	5	초등학교	학생
		6	중학교	학생
		7	중학교	학생
		8	중학교	학생
	그룹4	9	초등학교	교원
		10	중학교	교원
관	그룹5	11	인천광역시교육청	장학사
		12	인천광역시교육청	장학사
	그룹6	13	미추홀구청	팀장
		14	미추홀구청	주무관

2. 연구결과

대상	사업 성과	사업에 대한 요구
학생	-다양하고 수준 높은 체험활동을 통한 행복감 증진 -마을에 대한 소속감, 자긍심 및 공동체 의식의 성장	-학생들의 의견 적극 수용 -청소년을 위한 공간 및 지속적인 프로그램 개발
학부모	-학부모의 성장과 학교교육 참여 확대 -지역교육만족도 상승	-교육혁신지구 사업에 대한 홍보 강화 -미추홀구만의 특화된 프로그램 개발 -민관학의 적극적인 소통과 협력

	-마을 공동체의식 형성	
마을교육 활동가	-마을활동가 양성 시스템 정착 -혁신적인 온마을학교의 운영 -마을에 대한 애정, 정주의식, 공동체 의식의 향상	-온마을학교 운영 개선 -지역과 학교의 협업 시스템 구축 및 모 니터링 강화 -민관학의 적극적인 소통과 협력
교사	-지역 자원의 적극적인 발굴 및 활용으로 학교와 마을의 연계 강화 -마을연계교육과정 운영에 따 른 교육과정 내실화 -공교육 혁신에 대한 교사의 긍정적 인식 변화	-민관학 거버넌스의 활성화를 통한 소통 강화 -단위학교 업무경감을 위한 제도적 지원 -마을연계교육과정 내실화를 위한 인적· 물적 지원 -교육혁신지구 사업 홍보 및 사례 공유를 통한 질 관리
미추홀 구청	-마을의 신뢰회복 -마을 공동체의식 형성	-인적자원 양성 확대 -일반 자치와 교육 자치의 협력 강화
교육청	-교육주체들의 질적 성장 -마을에 대한 자긍심 증진 -교육 자치와 일반 자치의 협치	-교육협력사업 확대 -민관학 거버넌스 확대

Ⅲ. 인과관계분석

1. 연구방법

가. 연구대상

대상	초(명)	중(명)	기타	계(명)
학생	242	844	0	1,086
주민(학부모)	537	140	35(초중)	712
교사	217	113	0	330
합계	996	1,097	35	2,128

나. 결과분석 방법: 구조방정식 모형 검증을 통한 인과관계 분석

2. 연구결과

가. 학생

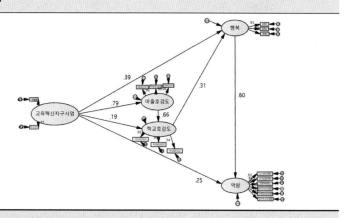

나. 주민(학부모)

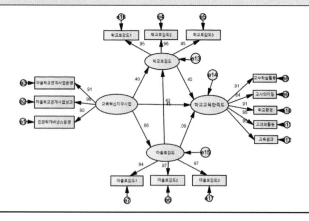

다. 교사

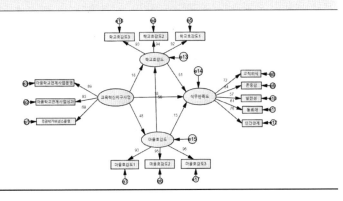

Ⅳ. 결론 및 정책 제안

1. 미추홀구 교육혁신지구 성과

미추홀구 교육혁신지구의 성과는 비전과 목표에 대한 달성도를 검증하여야 한다. 그러나 인천의 교육혁신지구 사업은 성과분석을 위한 체계적 관리가 되지 않아서 타당하고 신뢰할 수 있는 성과분석이 불가능한 상황이었다. 교육혁신지구는 성과 관리차원에서 단계별 목표나 성취기준 등이 없기에 사업에 대한 평가가 될 수 없었고, 집단비교 검증을 위한 사전검사도 없는 상태였다.

이러한 상황을 극복하기 위해 이 연구에서는 첫째, 김종민(2018)의 연구를 바탕으로 교육혁신지구 사업을 측정할 수 있는 척도를 개발하였다. 둘째, 학교와 마을호감도, 학생의 행복과 역량, 주민(학부모)

의 학교만족도, 교사의 직무만족도와 같은 비전과 목표의 관련변인을 선정하였다. 셋째, 미추홀구 교육혁신구 사업이 비전과 목표의 관련 변인인 학교와 마을호감도, 학생의 행복과 역량, 주민(학부모)의 학교 만족도, 교사의 직무만족도에 어떠한 영향을 미쳤는가를 구조방정식 으로 검증하는 인과관계 분석을 실시하였다. 넷째, 질적연구를 통해 마을 사람들의 목소리를 들었다. 연구결과를 바탕으로 미추홀구 교육 혁신지구의 성과에 대해 다음과 같이 결론지을 수 있다.

첫째, (비전)'가고 싶은 학교, 살고 싶은 마을'이 미추홀구에서 실현 되고 있다.

둘째, (비전)'모두가 행복한 미추홀구 교육'이 실현되고 있다.

셋째, (목표)'교육자치와 일반자치의 연대'를 넘어 '민관학 거버넌 스'가 실현되고 있다.

넷째, (새 비전)'삶의 힘이 자라는 우리인천교육'이 미추홀구에서 실현되고 있다.

종합적으로 정리하면, **미추홀구 교육혁신지구 사업은 마을과 학교가 마을교육공동체로 성장하여 그 비전과 목표를 달성하였다고 할 수 있다.**

2. 미추홀구 교육혁신지구 시즌Ⅱ 정책 제안

가. 문제점과 한계점 분석에 따른 시즌Ⅱ 정책 제안

첫째, **전략(Strategy): 교육혁신지구 사업의 전략적 방향성 구체화**가 필요하다.

둘째, **조직(Structure): 마을교육공동체 관련 부서의 업무정비**가 필요하다.

셋째, **시스템(System): 교육혁신지구에 대한 체계적 성과관리**가
필요하다.

넷째, **공유가치(Shared Value): 민관학 거버넌스를 통한 소통의 장
확대**가 필요하다.

다섯째, **기술(Skill): 지역에 맞는 마을교육자원의 발굴과 체계적 지
원이** 필요하다.

여섯째, **구성원(Staff): 교원의 전문성 신장과 행정업무 경감 노력**이
필요하다.

일곱째, **스타일(Style): 즉각적이며 가시적으로 나타나는 성과요구를
경계**해야 한다.

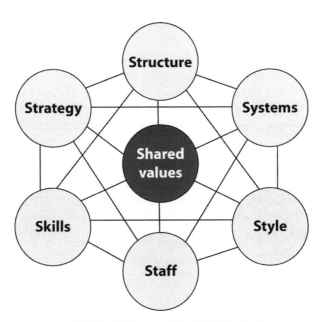

조직혁신에 필요한 7가지 요인, 맥킨지 7S 모델

나. 시즌Ⅱ 실행 모형 구안

첫째, 비전은 골목골목까지 삶의 힘이 자라는 교육도시, 미추홀이다.

둘째, 목표는 학교와 마을을 잇는 교육 인프라 구축과 마을교육공
동체 활성화이다.

셋째, 추진과제는 학교공동체, 미추홀공동체, 교육 거버넌스 3개의 공
동체로 구분하여 마을기반 공교육 혁신, 지역사회 배움과 나눔공
동체 운영, 참여와 소통을 위한 민관학 거번넌스 운영으로 한다.

넷째, 세부사업은 민관학의 의견을 수렴하여 각 추진과제에 적절한
사업을 선정한다.

미추홀구 교육혁신지구 시즌Ⅱ 실행 모형

3. 연구의 함의

첫째, **인천에서 시행된 첫 번째 교육혁신지구의 성과분석**이다.

둘째, **'교육혁신지구 사업' 척도를 타당화** 하였다.

셋째, **교육혁신지구 사업의 성과를 인과적 관계로 검증**하였다.

넷째, 인천교육의 비전인 **학생 역량 강화**에 성과가 있다는 것을 **검증**하였다.

다섯째, **교육혁신지구 사업의 성과로 구조모형을 검증**하였다.

여섯째, **학교 호감도와 마을 호감도의 매개효과를 검증**하였다.

부록

설문지

미추홀구 교육혁신지구 성과분석을 위한 설문지(학생용)

안녕하십니까?

이 설문은 학생 여러분이 다니고 있는 학교, 살고 있는 동네에 대한 생각을 파악하여 더 좋은 교육정책을 마련하기 위해 실시하는 것입니다.

여러분이 응답한 결과는 인천광역시남부교육지원청의 교육정책 방향을 결정하는 자료로 사용될 예정이니 성심껏 응답해 주기를 부탁드립니다. 이 설문조사에 응답한 모든 내용의 개인적 사항은 연구자료 이외에는 어떤 목적으로도 사용하지 않고, 정책 수립을 위한 연구에만 사용될 것임을 약속드립니다.

2019. 7.

인천광역시남부교육지원청

※교육혁신지구 지원사업 예
· 민주적 공동체 성장프로그램 : 사회적 경제 아카데미, 우리 마을 지도 만들기, 생명 존중 문화예술 수업, 감정균형으로 보는 인권, 민주시민교육 헌법 교실
· 마술사 프로젝트 : 마을벽화 그리기, 우리마을 사람책 만들기, 우리마을 영화제, 우리마을 축제
· 학생자율동아리 운영
· 독서·토론·논술교육 프로그램 지원
· 미추홀구온마을교육 대축제
· 미추홀구 진로교육지원센터 운영

---

1. 응답자의 인적 배경

1. 학교급	① 초등학교 ( ) ② 중학교 ( )
2. 성별	① 남 ( ) ② 여 ( )

2. 설문 문항

1. 다음은 여러분이 다니고 있는 학교나 마을(미추홀구)에 대한 생각을 묻는 질문입니다. 여러분의 생각과 가장 일치하는 곳에 ✔ 표시해 주세요.

문항	전혀 그렇지 않다	그렇지 않다	보통 이다	그렇다	매우 그렇다
1) 우리 마을에는 믿고 의지할 만한 사람들이 많다.	①	②	③	④	⑤
2) 우리 마을에 가능하면 오랫동안 살고 싶다.	①	②	③	④	⑤
3) 우리 마을 사람들은 서로를 돕기 위해 노력한다.	①	②	③	④	⑤
4) 우리 학교 선생님들은 마을에 있는 시설이나 사람을 활용하여 수업을 하신다.	①	②	③	④	⑤
5) 우리 학교 주변에는 교육 활동에 도움을 받을 수 있는 시설이나 기관이 있다.	①	②	③	④	⑤
6) 우리 학교 학생들은 학교 밖에서 다른 학교 학생과도 다양한 활동을 하고 있다.	①	②	③	④	⑤

2. 다음은 학교 호감도에 대한 질문입니다. 여러분이 다니고 있는 학교에 대한 생각과 가장 일치하는 곳에 ✔표시해 주세요.

	← 중간 →					
1. 지루한	①	②	③	④	⑤	재미있는 .1
2. 딱딱한	①	②	③	④	⑤	부드러운 .2
3. 어두운	①	②	③	④	⑤	밝은 .3
4. 외로운	①	②	③	④	⑤	함께하는 .4
5. 무뚝뚝한	①	②	③	④	⑤	친절한 .5
6. 찡그린	①	②	③	④	⑤	웃는 .6
7. 짓누르는	①	②	③	④	⑤	자유로운 .7

3. 다음은 마을 호감도에 대한 질문입니다. 여러분이 살고 있는 마을 (미추홀구)에 대한 생각과 가장 일치하는 곳에 ✔표시해 주세요.

	← 중간 →					
1. 지루한	①	②	③	④	⑤	재미있는 .1
2. 불안한	①	②	③	④	⑤	편안한 .2
3. 딱딱한	①	②	③	④	⑤	부드러운 .3
4. 어두운	①	②	③	④	⑤	밝은 .4
5. 외로운	①	②	③	④	⑤	함께하는 .5

| 6. 무뚝뚝한 | ① | ② | ③ | ④ | ⑤ | 친절한 .6 |

| 7. 찡그린 | ① | ② | ③ | ④ | ⑤ | 웃는 .7 |

4. 다음은 여러가지 역량에 대한 질문입니다. 질문을 읽고 응답해주세요.

4-1.다음은 자기 관리 역량에 대한 생각을 묻는 질문입니다. 여러 분과 가장 일치하는 곳에 ✔표시해 주세요.

문항	전혀 그렇지 않다	그렇지 않다	보통 이다	그렇다	매우 그렇다
1) 나의 장·단점이 무엇인지 안다.	①	②	③	④	⑤
2) 나는 실수나 실패를 했을 때 극복을 잘하는 편이다.	①	②	③	④	⑤
3) 나에게는 내 꿈을 이루고 싶은 강한 욕구가 있다.	①	②	③	④	⑤
4) 미리 계획을 세워서 나중에 어려움을 겪지 않도록 한다.	①	②	③	④	⑤
5) 나는 내가 무엇이든 잘 해낼 것이라 고 믿는다.	①	②	③	④	⑤

4-2. 다음은 의사소통 역량에 대한 생각을 묻는 질문입니다. 여러분과 가장 일치하는 곳에 ✔표시해 주세요.

문항	전혀 그렇지 않다	그렇지 않다	보통 이다	그렇다	매우 그렇다
6) 친구의 기분을 이해하려고 노력한다.	①	②	③	④	⑤
7) 대화를 할 때 어떻게 말할지 미리 생각하고 말한다.	①	②	③	④	⑤
8) 듣는 사람이 이해할 수 있도록 쉽고 정확한 말을 골라 이야기한다.	①	②	③	④	⑤
9) 상대방의 표정과 몸짓을 살피면서 속마음을 이해한다.	①	②	③	④	⑤
10) 대화할 때 이야기를 잘 듣고 있다는 것을 말이나 몸짓으로 보여준다.	①	②	③	④	⑤

4-3. 다음은 공동체 역량에 대한 생각을 묻는 질문입니다. 여러분과 가장 일치하는 곳에 ✔표시해 주세요.

문항	전혀 그렇지 않다	그렇지 않다	보통 이다	그렇다	매우 그렇다
11) 학급이나 학교에서 일어나는 일들에 관심을 가진다.	①	②	③	④	⑤
12) 학급이나 학교에서 일어난 일은 무엇이든 나와 관련이 있다고 생각하고 해결하기 위해 노력한다.	①	②	③	④	⑤
13) 과제를 함께 하면서 내가 맡은 일이 마음에 들지 않더라도 최선을 다한다.	①	②	③	④	⑤
14) 정해진 공동의 규칙이 내 생각과 다르더라도 지킨다.	①	②	③	④	⑤
15) 남들이 질서를 지키지 않더라도 나는 질서를 지킨다.	①	②	③	④	⑤

4-4. 다음은 심미적 사고 역량에 대한 생각을 묻는 질문입니다. 여러분과 가장 일치하는 곳에 ✔표시해 주세요.

문항	전혀 그렇지 않다	그렇지 않다	보통 이다	그렇다	매우 그렇다
16) 나는 독서를 좋아한다.	①	②	③	④	⑤
17) 예술(음악, 미술, 영화, 연극 등)관람 및 활동은 내가 좋아하는 취미이다.	①	②	③	④	⑤
18) 다른 사람과 예술(음악, 미술, 영화, 연극 등)에 대해 이야기 하는 것을 좋아한다.	①	②	③	④	⑤
19) 예술 관람(음악회, 콘서트, 미술전시회, 영화, 연극공연 등)을 좋아한다.	①	②	③	④	⑤
20) 예술 활동(노래, 악기연주, 만들기, 그림그리기, 영화제작 등)을 좋아한다.	①	②	③	④	⑤

4-5. 다음은 지식정보처리 역량에 대한 생각을 묻는 질문입니다. 여러분과 가장 일치하는 곳에 ✔표시해 주세요.

문항	전혀 그렇지 않다	그렇지 않다	보통 이다	그렇다	매우 그렇다
21) 과제를 해결 하는데 도움이 될 만한 자료(예:인터넷사이트,책 등)나 사람들을 잘 알고 있다.	①	②	③	④	⑤
22) 여러 자료들 중에서 가장 도움이 되는 것을 먼저 살펴본다.	①	②	③	④	⑤
23) 필요할 때 손쉽게 찾을 수 있도록 자료를 정리해 둔다.	①	②	③	④	⑤
24) 컴퓨터와 인터넷을 활용하여 다양한 정보를 얻을 수 있다.	①	②	③	④	⑤
25) 컴퓨터나 인터넷상의 다양한 자료(예:강의·강연동영상, 웹문서파일 등)를 활용하여 학습할 수 있다.	①	②	③	④	⑤

4-6. 다음은 창의적 사고 역량에 대한 생각을 묻는 질문입니다. 여러분과 가장 일치하는 곳에 ✔표시해 주세요.

문항	전혀 그렇지 않다	그렇지 않다	보통 이다	그렇다	매우 그렇다
26) 다른 친구들이 생각하지 못하는 새로운 생각을 잘 한다.	①	②	③	④	⑤
27) 새로운 문제를 풀 때 도움이 될 만한 내용을 잘 떠올린다.	①	②	③	④	⑤
28) 부분적인 내용만 듣고도 전체 내용을 상상할 수 있다.	①	②	③	④	⑤
29) 서로 상관이 없어 보이는 내용들도 잘 연결지어 생각한다.	①	②	③	④	⑤
30) 짧은 시간 안에 여러 가지 새로운 생각을 해낼 수 있다.	①	②	③	④	⑤
31) 어울릴 것 같지 않은 것들을 합해서 새로운 것을 만드는 것을 좋아한다.	①	②	③	④	⑤
32) 남들이 생각해내지 못하는 기발하고 특이한 발상을 한다.	①	②	③	④	⑤
33) 하나의 사물이나 현상을 보고 여러 가지 생각을 떠올린다.	①	②	③	④	⑤
34) 항상 새로운 것을 알려고 한나.	①	②	③	④	⑤
35) 잘 모르는 것에 대한 해답을 찾아가는 것이 즐겁다.	①	②	③	④	⑤

5. 다음은 행복감에 대한 질문입니다. 여러분과 가장 일치하는 곳에 ✔표시해 주세요.

문항	전혀 그렇지 않다	그렇지 않다	보통 이다	그렇다	매우 그렇다
1) 나는 항상 기분이 좋다.	①	②	③	④	⑤
2) 나는 행복한 사람이라고 생각한다.	①	②	③	④	⑤
3) 나는 주변 사람들과의 관계가 좋다.	①	②	③	④	⑤
4) 나는 긍정적인 사람이라고 생각한다.	①	②	③	④	⑤
5) 나는 슬프거나 괴로워도 포기하지 않고 적극적으로 노력한다.	①	②	③	④	⑤
6) 나는 나의 개인적, 가정적, 사회적 측면에 만족한다. (개인적 성취, 성격, 건강, 가족, 내가 속한 학교, 마을 등)	①	②	③	④	⑤
7) 나는 현재 나의 삶에 감사함을 느낀다.	①	②	③	④	⑤
8) 나는 내 자신이 자랑스럽다.	①	②	③	④	⑤

설문에 응해 주셔서 대단히 감사합니다.

미추홀구 교육혁신지구 성과분석을 위한 설문지(학부모용)

안녕하십니까?

본 설문은 인천광역시교육청에서 2015년부터 2019년까지 운영된 미추홀구 교육혁신지구 성과분석을 위한 설문입니다.

미추홀구 교육혁신지구란 '가고 싶은 학교, 살고 싶은 마을 만들기'라는 비전으로 인천광역시교육청, 인천광역시남부교육지원청, 인천광역시 미추홀구 및 지역사회의 협력을 강화하여 공교육혁신을 실현하기 위해 지정한 미추홀구 지역을 말합니다.

학부모님께서 응답해주시는 결과는 향후 교육혁신지구 사업 방향을 결정하기 위한 참고 자료가 될 것입니다. 바쁘시더라도 성심껏 응답해 주시기를 부탁드립니다. 아울러, 이 설문조사에 응하신 모든 내용의 인적사항은 연구자료 이외에는 어떤 목적으로도 사용하지 않고, 교육혁신지구 정책 수립을 위한 연구에만 사용됨을 약속드립니다. 감사합니다.

2019. 7.

인천광역시남부교육지원청

1. 응답자의 인적 배경

1. 학교급	① 초등학교 ( ) ② 중학교 ( )

2. 설문 문항

1. 다음은 교육혁신지구 사업 관련 질문입니다. 실제 운영되는 정도에 가장 가까운 곳에 ✔표시해 주세요.

> 교육혁신지구 사업은 2015년부터 **인천광역시남부교육지원청과 미추홀구**가 서로 협력하여 **미추홀구 전체 지역**을 교육혁신지구로 지정하고, 지역주민에게 신뢰받는 공교육 혁신을 위해 다양한 프로그램과 인력을 지원하는 사업을 의미합니다.
> ※ 지원사업 예 : 마을과 함께하는 교육과정 운영, 민주적 공동체 성장프로그램, 마술사 프로젝트, 마을교육과정 교사 연구 동아리 지원, 학생자율동아리 운영, 독서·토론·논술 교육 지원, 교육혁신지구 사업 컨설팅 및 역량 강화 연수 지원, 학교 공간혁신사업 지원, 교육협력네트워크 활동화(교육혁신 민·관·학 협치, 온마을교육 대축제), 미추홀구 온마을교육공동체 운영(미추홀구온마을학교, 마을교육활동가 아카데미, 교사 아카데미, 마을자원 검색시스템 구축 운영, 참부모연구학습지원사업, 미추홀구 진로교육지원센터 등)

문항	전혀 그렇지 않다	그렇지 않다	보통 이다	그렇다	매우 그렇다
1) 우리 학교는 학부모들이 학교교육활동에 적극적으로 참여할 수 있도록 지원한다.	①	②	③	④	⑤
2) 우리 학교는 지역에 있는 시설이나 사람을 활용하여 수업을 한다.	①	②	③	④	⑤
3) 교육혁신지구 사업으로 학교와 지역사회가 더 많이 소통하게 되었다.	①	②	③	④	⑤
4) 교육혁신지구 사업으로 학생과 학부모들의 지역공동체의식이 높아졌다.	①	②	③	④	⑤
5) 교육혁신지구 사업으로 나는 학교에 협력적이 되었다.	①	②	③	④	⑤
6) 교육혁신지구 사업으로 학교에 대한 이해가 깊어졌다.	①	②	③	④	⑤

2. 다음은 민·관·학 협의체 운영 관련 질문입니다. 실제 운영되는 정도에 가장 가까운 곳에 ✔표시해 주세요.

> ※민·관·학 협의체 : 학교, 교사, 학부모와 지역사회의 네트워크 구축을 통해 서로 소통하고 의견을 공유하여 마을과 학교간의 연계를 강화하기 위한 교육협력 체제

문항	전혀 그렇지 않다	그렇지 않다	보통 이다	그렇다	매우 그렇다
1) 교육협력을 위한 지역사회(혹은 학부모)·구청·교육청·학교 간 협의체가 있다.	①	②	③	④	⑤
2) 지역사회(혹은 학부모)·구청·교육청·학교 간 의사소통이 원활하다.	①	②	③	④	⑤
3) 지역사회(혹은 학부모)·구청·교육청·학교 간 협의에 따른 결정 사항이 사업 계획과 집행에 반영된다.	①	②	③	④	⑤

3. 다음은 학교 호감도에 대한 질문입니다. 여러분의 자녀가 다니고 있는 학교에 대한 생각과 가장 일치하는 곳에 ✔표시해 주세요.

		← 중간 →				
1. 지루한	①	②	③	④	⑤	재미있는 .1
2. 딱딱한	①	②	③	④	⑤	부드러운 .2
3. 어두운	①	②	③	④	⑤	밝은 .3
4. 외로운	①	②	③	④	⑤	함께하는 .4
5. 무뚝뚝한	①	②	③	④	⑤	친절한 .5
6. 찡그린	①	②	③	④	⑤	웃는 .6

7. 짓누르는	①	②	③	④	⑤	자유로운 .7

4. 다음은 마을 호감도에 대한 질문입니다. 여러분이 살고 있는 마을 (미추홀구)에 대한 생각과 가장 일치하는 곳에 ✔표시해 주세요.

	←		중간	→		
1. 불안한	①	②	③	④	⑤	편안한.1
2. 딱딱한	①	②	③	④	⑤	부드러운 .2
3. 어두운	①	②	③	④	⑤	밝은 .3
4. 외로운	①	②	③	④	⑤	함께하는 .4
5. 무뚝뚝한	①	②	③	④	⑤	친절한 .5
6. 찡그린	①	②	③	④	⑤	웃는 .6
7. 짓누르는	①	②	③	④	⑤	자유로운 .7

5. 다음은 학교교육 만족도에 관한 질문입니다. 가장 일치하는 곳에 ✔표시해 주세요.

문항	전혀 그렇지 않다	그렇지 않다	보통 이다	그렇다	매우 그렇다
1) 자녀가 다니는 학교의 수업분위기는 좋은 편이다.	①	②	③	④	⑤
2) 학교에서 내주는 숙제는 자녀에게 도움이 된다.	①	②	③	④	⑤
3) 선생님은 자녀가 적극적으로 공부하도록 도와주신다.	①	②	③	④	⑤
4) 학교에서 받는 수업에 만족한다.	①	②	③	④	⑤
5) 선생님은 수업시간에 열심히 가르치고 있다.	①	②	③	④	⑤
6) 선생님은 본받을 만한 점이 있다.	①	②	③	④	⑤
7) 선생님은 담당교과에 대한 지식이 많다.	①	②	③	④	⑤
8) 선생님의 학생지도방법에 만족한다.	①	②	③	④	⑤
9) 학부모의 입장에서 학교시설 및 설비에 대해 만족하고 있다.	①	②	③	④	⑤
10) 나는 학교의 학생 복지 시설(사물함, 탈의실, 보건실, 화장실, 급식시설 등)에 만족한다.	①	②	③	④	⑤
11) 학교의 교육활동에 대한 안내가 잘 이루어지고 있다.	①	②	③	④	⑤
12) 학생들은 학교생활을 즐거워한다.	①	②	③	④	⑤
13) 학교는 인성교육(예절, 질서, 인터넷 예절 등)을 잘 실시하고 있다.	①	②	③	④	⑤
14) 학교의 창의적 체험활동(동아리활동, 현장학습, 축제, 봉사활동 등)은 잘 실시되고 있다.	①	②	③	④	⑤
15) 학교는 자녀의 능력과 적성에 따라 진로지도를 잘하고 있다.	①	②	③	④	⑤
16) 학교에서 실시하는 방과 후 교육활동은 자녀의 소질과 적성을 키워준다.	①	②	③	④	⑤
17) 학교는 자녀의 기초 능력(각 교과에서 기본이 되는 능력)을 잘 길러주고 있다.	①	②	③	④	⑤
18) 학교에 다님으로써 집단활동에 적극적으로 참여할 수 있는 능력이 길러진다.	①	②	③	④	⑤
19) 학교생활을 통해 자녀가 스스로 문제를 해결하는 능력이 발달한다.	①	②	③	④	⑤
20) 자녀가 이 학교에 다니는 것이 자랑스럽다.	①	②	③	④	⑤

6. 다음은 교육혁신지구 사업에 대한 학부모님의 참여 및 만족도에 대한 질문입니다. 가장 일치하는 곳에 ✔표시해 주세요.

문항	전혀 그렇지 않다	그렇지 않다	보통 이다	그렇다	매우 그렇다
1) 교육혁신지구 사업은 교육적으로 의미 있는 일이라고 생각한다.	①	②	③	④	⑤
2) 교육혁신지구 사업은 내가 부모로 성장하는 데 도움이 되었다.	①	②	③	④	⑤
3) 교육혁신지구 사업은 학부모들의 의견을 잘 반영하여 진행되고 있다.	①	②	③	④	⑤
4) 교육혁신지구 사업으로 학교에 대한 만족도가 높아졌다.	①	②	③	④	⑤
5) 교육혁신지구 사업으로 지역에 대한 만족도가 높아졌다.	①	②	③	④	⑤

7. 교육혁신지구 사업 운영 시, 학교나 교육지원청에서 강조해야 할 것은 무엇이라 생각하시는지요? 가장 강조해야 할 것을 3가지 고르세요.

1) 교육혁신지구 사업에 대한 홍보   (   )

2) 교육주체(교사, 학생, 학부모)의 요구를 반영한 프로그램   (   )

3) 교원 전문성 신장을 위한 전문적 학습공동체 운영   (   )

4) 교원의 행정업무 경감   (   )

5) 지역 특색에 맞는 마을연계 교육과정 운영   (   )

6) 지역사회(혹은 학부모)·구청·교육청·학교간의 협력체제 구축
   (   )

7) 학부모 학교 참여   (   )

8) 마을 교육 공동체1) 구축   (   )

9) 기타   (   )

설문에 응해 주셔서 대단히 감사합니다.

---

2) 마을교육공동체란 교육을 중심으로 학교, 마을, 지방자치단체가 역할을 분담하여 공동
의 가치를 실현하고, 학교와 마을을 중심으로 지역 고유의 문화를 새롭게 재창조하는
공동체이다.

미추홀구 교육혁신지구 성과분석을 위한 설문지(교사용)

안녕하십니까?

교육현장에서 사랑과 헌신으로 학생을 지도하시는 선생님께 깊은 감사와 존경을 표합니다. 아울러 바쁘신 중에도 본 조사를 위하여 귀중한 시간을 허락해 주셔서 감사드립니다.

본 설문은 인천광역시남부교육지원청에서 2014년 12월부터 2019년까지 운영된 미추홀구 교육혁신지구 성과분석을 위한 설문입니다.

미추홀구 교육혁신지구란 '가고 싶은 학교, 살고 싶은 마을 만들기'라는 비전으로 인천광역시교육청, 인천광역시남부교육지원청, 인천광역시 미추홀구 및 지역사회의 협력을 강화하여 공교육혁신을 실현하기 위해 지정한 미추홀구 지역을 말합니다.

선생님의 응답은 향후 교육혁신지구 사업 정책을 추진하는 데 중요한 참고자료가 될 것입니다. 이 설문조사에 응하신 모든 내용의 인적사항은 연구자료 외에는 어떤 목적으로도 사용하지 않고, 교육혁신지구 성과분석과 정책 수립을 위한 연구에만 사용됨을 약속드립니다. 감사합니다.

2019. 7.

인천광역시남부교육지원청

1. 응답자의 인적 배경

1. 학교급	① 초등학교 ( )	② 중학교 ( )	
2. 성별	① 남 ( )	② 여 ( )	
3. 직책	① 일반교사 ( )	② 부장교사 ( )	③ 기타 ( )
4. 담임	① 담임 ( )	② 비담임 ( )	
5. 경력	① 10년 이하 ( ) ③ 21년~30년 ( )	② 11년~20년 ( ) ④ 31년 이상 ( )	

2. 설문 문항

1. 다음은 교육혁신지구 사업 관련 질문입니다. 실제 운영되는 정도에 가장 가까운 곳에 ✔표시해 주세요.

> 교육혁신지구 사업은 2015년부터 **인천광역시남부교육지원청과 미추홀구**가 서로 협력하여 **미추홀구 전체 지역**을 교육혁신지구로 지정하고, 지역주민에게 신뢰받는 공교육 혁신을 위해 다양한 프로그램과 인력을 지원하는 사업을 의미합니다.
> ※ 지원사업 예 : 마을과 함께하는 교육과정 운영, 민주적 공동체 성장프로그램, 마술사 프로젝트, 마을교육과정 교사 연구 동아리 지원, 학생자율동아리 운영, 독서·토론·논술 교육 지원, 교육혁신지구 사업 컨설팅 및 역량 강화 연수 지원, 학교 공간혁신사업 지원, 교육협력네트워크 활동화(교육혁신 민·관·학 협치, 온마을교육 대축제), 미추홀구 온마을교육공동체 운영(미추홀구 온마을학교, 마을교육활동가 아카데미, 교사 아카데미, 마을자원 검색시스템 구축 운영, 참부모연구학습지원사업, 미추홀구 진로교육지원센터 등)

문항	미흡	다소 미흡	보통	다소 우수	우수
1) 우리 학교는 학교와 지역적 특색을 중심으로 재구성한 교육과정을 운영한다.	①	②	③	④	⑤
2) 우리 학교는 학부모들이 학교 교육활동에 적극적으로 참여할 수 있도록 지원한다.	①	②	③	④	⑤
3) 우리 학교는 지역사회와 소통하고 협력하면서 교육활동을 계획한다.	①	②	③	④	⑤
4) 우리 학교는 우리 지역에 있는 시설이나 사람을 활용하여 수업을 한다.	①	②	③	④	⑤
5) 교육혁신지구 사업으로 학생들이 지역사회를 더 잘 이해하게 되었다.	①	②	③	④	⑤
6) 교육혁신지구 사업으로 학생과 학부모들의 지역공동체의식이 높아졌다.	①	②	③	④	⑤
7) 교육혁신지구 사업으로 지역주민들의 교육활동(강사, 운영진, 자문위원, 학습자 및 체험자로 참여 등) 참여가 많아졌다.	①	②	③	④	⑤
8) 교육혁신지구 사업으로 지역사회의 교육 자원을 활용한 교육활동이 증가했다.	①	②	③	④	⑤

문항	①	②	③	④	⑤
9) 교육혁신지구 사업으로 학교와 지역사회가 더 많이 소통하게 되었다.	①	②	③	④	⑤
10) 교육혁신지구 사업으로 학부모가 학교에 협력적이 되었다.	①	②	③	④	⑤
11) 교육혁신지구 사업으로 학부모와 지역사회가 학교를 더 잘 이해하게 되었다.	①	②	③	④	⑤
12) 교육혁신지구 사업은 지역사회 발전에 도움이 되었다.	①	②	③	④	⑤

2. 다음은 민·관·학 협의체 운영 관련 질문입니다. 실제 운영되는 정도에 가장 가까운 곳에 ✔표시해 주세요.

> ※ 민·관·학 협의체 : 학교, 교사, 학부모와 지역사회의 네트워크 구축을 통해 서로 소통하고 의견을 공유하여 마을과 학교간의 연계를 강화하기 위한 교육협력 체제

문항	미흡	다소 미흡	보통	다소 우수	우수
1) 교육협력을 위한 민·관·학 협의체가 있다.	①	②	③	④	⑤
2) 민·관·학 간에 의사소통이 원활하다.	①	②	③	④	⑤
3) 민·관·학 협의에 따른 결정 사항이 사업 계획과 집행에 반영된다.	①	②	③	④	⑤

3. 다음은 학교 호감도에 대한 질문입니다. 선생님이 근무하는 학교에 대한 생각과 가장 일치하는 곳에 ✔표시해 주세요.

	← 중간 →					
1. 불안한	①	②	③	④	⑤	편안한 .1
2. 딱딱한	①	②	③	④	⑤	부드러운 .2
3. 어두운	①	②	③	④	⑤	밝은 .3
4. 외로운	①	②	③	④	⑤	함께하는 .4
5. 무뚝뚝한	①	②	③	④	⑤	친절한 .5
6. 찡그린	①	②	③	④	⑤	웃는 .6
7. 짓누르는	①	②	③	④	⑤	자유로운 .7

4. 다음은 마을 호감도에 대한 질문입니다. 선생님이 근무하는 학교가 소속된 마을(미추홀구)에 대한 생각과 가장 일치하는 곳에 ✔표시해 주세요.

	← 중간 →					
1. 불안한	①	②	③	④	⑤	편안한 .1
2. 딱딱한	①	②	③	④	⑤	부드러운 .2
3. 어두운	①	②	③	④	⑤	밝은 .3
4. 외로운	①	②	③	④	⑤	함께하는 .4
5. 무뚝뚝한	①	②	③	④	⑤	친절한 .5
6. 찡그린	①	②	③	④	⑤	웃는 .6
7. 짓누르는	①	②	③	④	⑤	자유로운 .7

5. 다음은 교사의 직무만족에 관한 질문입니다. 가장 일치하는 곳에 ✔표시해 주세요.

문항	전혀 그렇지 않다	그렇지 않다	보통 이다	그렇다	매우 그렇다
1) 교직생활에 보람을 느낀다.	①	②	③	④	⑤
2) 가르치는 일이 재미있다.	①	②	③	④	⑤
3) 교사로서 자부심을 느낀다.	①	②	③	④	⑤
4) 교직을 전문직이라고 생각한다.	①	②	③	④	⑤
5) 학부모는 교사를 존중하고 교직을 하나의 전문직으로 생각한다.	①	②	③	④	⑤
6) 사회적으로 대우를 받고 있다고 생각한다.	①	②	③	④	⑤
7) 새로운 교수방법을 사용한다.	①	②	③	④	⑤
8) 시간이 나면 연수에 참여한다.	①	②	③	④	⑤
9) 교재연구가 더 재미있다.	①	②	③	④	⑤
10) 교수학습을 위해 스스로 노력한다.	①	②	③	④	⑤
11) 나는 동료들과 친밀하게 지낸다.	①	②	③	④	⑤
12) 나는 동료들과의 생활이 즐겁다.	①	②	③	④	⑤
13) 동료교사들과 도움을 주고받는다.	①	②	③	④	⑤
14) 우리 교장선생님과 교감선생님은 나의 개인적인 고충을 충분히 이해하고 해결책을 제공해준다.	①	②	③	④	⑤
15) 학부모들은 학급과 학교 실정을 이해하고 도우려 애쓴다.	①	②	③	④	⑤

6. 다음은 교육혁신지구 사업에 대한 선생님의 만족도와 관련된 질문입니다. 가장 일치하는 곳에 ✔표시해 주세요.

문항	전혀 그렇지 않다	그렇지 않다	보통 이다	그렇다	매우 그렇다
1) 교육혁신지구 사업은 교육적으로 의미 있는 일이라고 생각한다.	①	②	③	④	⑤
2) 교육혁신지구 사업은 내가 교사로 성장하는 데 도움이 되었다.	①	②	③	④	⑤

3) 교육혁신지구 사업은 교원들의 의견을 잘 반영하여 진행되고 있다.	①	②	③	④	⑤
4) 교육혁신지구 사업으로 교사들의 학교에 대한 만족도가 높아졌다.	①	②	③	④	⑤
5) 교육혁신지구 사업으로 지역에 대한 만족도가 높아졌다.	①	②	③	④	⑤

7. 교육혁신지구 사업 운영 시, 학교나 교육지원청에서 강조해야 할 것은 무엇이라 생각하시는지요? 가장 강조해야 할 것을 <u>3가지</u> 고르세요.

1) 교육혁신지구 사업에 대한 홍보　(　　　)

2) 교육주체(교사, 학생, 학부모)의 요구를 반영한 프로그램　(　　　)

3) 교원 전문성 신장을 위한 전문적 학습공동체 운영　(　　　)

4) 교원의 행정업무 경감　(　　　)

5) 지역 특색에 맞는 마을연계 교육과정 운영　(　　　)

6) 민·관학 협력체제 구축　(　　　)

7) 학부모 학교 참여　(　　　)

8) 마을 교육 공동체[2) 구축　(　　　)

9) 기타　(　　　　　　　　　)

설문에 응해 주셔서 대단히 감사합니다.

---

1) 마을교육공동체란 교육을 중심으로 학교, 마을, 지방자치단체가 역할을 분담하여 공동의 가치를 실현하고, 학교와 마을을 중심으로 지역 고유의 문화를 새롭게 재창조하는 공동체이다.

인천광역시남부교육지원청

함께 만들어가는 행복 교육을 추구하는 인천광역시남부교육지원청은 "삶의 힘이 자라는 NEWTRO남부교육"을 지향하며 다양한 교육활동을 하고 있다.

미추홀구 교육혁신지구
성과분석 연구 보고서

초판인쇄 2020년 11월 30일
초판발행 2020년 11월 30일

지은이 인천광역시남부교육지원청
펴낸이 채종준
펴낸곳 한국학술정보㈜
주소 경기도 파주시 회동길 230(문발동)
전화 031) 908-3181(대표)
팩스 031) 908-3189
홈페이지 http://ebook.kstudy.com
전자우편 출판사업부 publish@kstudy.com
등록 제일산-115호(2000. 6. 19)

ISBN 979-11-6603-220-2 93370